KB167160

반미

차례

Contents

제1부 탈냉전 시대 미국의 대외정책

공공의 적, 미국

　사람들은 흔히 1990년대 초에 냉전이 끝나면서 미국이 세계정치에서의 자신의 역할에 대해 재검토를 하게 될 것이라고들 말했다. 그러나 실제로 그러한 일은 전혀 일어나지 않았으며, 앞으로도 그렇게 되리라고 믿을 만한 이유가 없다. 1945년 제2차세계대전이 끝난 뒤 냉전 시대의 막이 올랐을 때 미국의 지도자들은 미국의 평화와 번영이 보장되는 세계질서를 구축하고 유지하기 위해서는 자신들의 나라가 세계를 이끌어가야 한다고 믿었다. 그리고 이러한 미국 대외정책의 기본 전략과 사고는 지금까지도 변함없이 지속되고 있다.

　제2차세계대전 이후 1980년대 말까지 계속된 냉전 시대에 미국의 외교정책은 소련에 대한 봉쇄정책에 바탕을 두고 있었다. 그러나 당시에 실제로 미국의 외교정책을 이끌어왔던 것은 소련과 공산주의에 대한 봉쇄 원리 그 이상의 보다 근본적인 것이었다. 그것은 미국이 소련의 존재 유무와는 관계없이 세계를 이끌어가야 한다는 패권 원리였다.

1940년대 말 이후 미국의 외교정책은 두 개의 상호 모순되는 원리에 바탕을 두고 있었다. 첫째는 소련이 미국 안보전략에서 직접적인 대상임에도 불구하고 실제로는 미국의 국제주의 정책에서 부수적인 요소에 불과했다는 점이고, 둘째는 아이러니컬하게도 소련의 존재 그 자체가 미국의 외교전략이 성공을 거두는 데 있어서 필수 불가결한 요소였다는 점이다. 즉, 미국은 냉전 시대에 소련이라는 경쟁자가 있건 없건 간에 자신의 패권정책을 추진했을 것이고, 그 과정에서 소련의 존재는 미국의 대외정책을 정당화하는 필수적인 명분이 되었다. 그 때문에 미·소 간의 냉전이 종식된 이후 미국의 국제주의자(패권론자)들이 소련의 존재를 아쉬워하는 것은 무리가 아니다.

이렇게 미국의 근본적인 정책이 패권 원리에 바탕을 두고 있는 한, 탈냉전 시대에 미국의 외교정책과 세계전략이 바뀔 것이라고 믿을 이유는 전혀 없다. 세계 유일의 초강대국 미국은 여전히 자신의 입맛에 맞게 세계질서를 구축하고 이끌어가려 하고 있다. 다만 그 과정에서 미국은 많은 장애물을 만나고 있고, 그 정책과 전략의 타당성에 대한 많은 논쟁에 직면해 있으며, 일방주의 외교정책을 비판하는 범세계적인 반미주의 운동을 불러일으키고 있다.

오늘날 미국은 그 국력과 부로 인하여 전세계에서 가장 큰 영향력을 행사하고 있는 나라이다. 반면에 세계에서 가장 미움을 받고 반감을 사고 있는 나라이기도 하다. 미국은 제2차세계대전 이후 오늘에 이르기까지 가히 전세계적으로, 다시 말해서 정치체제와 문화적 전통과 경제발전 단계가 다른 많은 나라의 무수한 사람들에게 광범위한 불만과 분노의 표적이 되어 왔으며, 모든 죄악과 부정과 불의의 대중적인 상징이 되어 왔다. 한마디로 오늘날 반미주의는 전세계적인 현상이 되어 있다.

미국은 세계 도처의 무수한 연설과 신문 사설에서, 거리에 나붙은 포스터에서, 라디오와 텔레비전 방송에서 그리고 사적인 대화에서조차 전세계의 악과 특정한 사회의 문제점들, 심지어 개인의 불행에 대해서도 책임이 있는 것으로 비난받아 왔다. 지구상의 수많은 국가들 중 미국만큼 세계 도처의 자국 대사관 앞에서 적대적인 시위에 직면한 나라는 없었으며, 미국만큼 세계 각국에 산재하는 자국 문화원이 점거·약탈·방화 당한 나라가 없었으며, 미국만큼 그 국가의 정책이 국제연합(UN)이나 다른 국제 기관으로부터 비난받은 나라는 없었다. 미국의 성조기는 세계 어느 나라 국기보다 더 많이 불태워졌고, 외국을 여행하는 미국의 외교관들과 정치가들은 다른 어떤 나라 사람들보다 더 많은 학대와 폭력에 직면했다. 미국에 대한 적대감은 보다 덜 극단적인 다른 방식으로도 표현되고 있다. 예를 들면, 정부의 자금 지원을 받은 여러 나라의 대규모 선전·선동 활동 속에서, 국제연합의 표결에서, 여러 나라의 여론 조사에서, 지식인의 글 속에서, 심지어 소설 작품 속에서도 나타나고 있다.

한국의 상황도 결코 예외가 아니다. 광화문에 있는 미국 대사관은 아예 전쟁터를 방불케 한다. 수백 명의 중무장한 경찰들이 대사관을 에워싸고 골목마다 지키고 서 있다. 옛 배재학교 자리의 러시아 대사관이나 명동의 중국 대사관의 평화롭고 한가로운 모습과는 너무나 대조적인 모습이다. 미국은 한국의 '혈맹'으로 한국이 상호방위조약을 체결한 유일한 국가이다. 그런 반면, 중국과 러시아는 한국전쟁에서 북한을 도와 한국 및 미국과 전쟁을 치른 나라들이다. 그러나 서울의 대사관 풍경만을 놓고 본다면, 한국의 적은 미국이 아닌가 착각할 지경이다.

그렇다면 오늘날 미국이 추구하는 세계전략의 본질은 무엇인가? 그리고 세계적 현상으로 퍼져나가고 있는 반미주의는 근본적으로 무엇이며, 어째서 이런 일이 일어날까? 이제부터 그 의문을 풀어보기로 한다.

지속적인 패권정책

제2차세계대전 종결 이후 미국의 대외정책은 국제주의와 개입주의를 추구했으며, 소련이 지정학적이고 이데올로기적인 경쟁자로 대두하지 않았을지라도 그러한 정책을 추진했을 것임에 틀림없다. 미국이 표방하는 대외정책의 목표는 냉전전략을 명시한 1950년 봄에 나온 국가안보회의 문서 68호(NSC-68)에 잘 나타나 있는데, 그것은 "미국체제가 생존하고 번영할 수 있는 국제적 환경을 조성한다"는 것이었다. NSC-68호 문서를 작성한 사람들은 미국의 안보와 번영이 자국이 주도하는 세계질서에 달려 있다는 확신하에 "건강한 국제 공동체를 이루려는 정책은 소련의 위협이 없을지라도 우리가 추구해야 할 정책이다"라고 주장했다. 냉전 종식 이후 부시(George Bush) 대통령이 미국은 이제 '새로운 세계질서(new world order)'를 만들어야 한다고 촉구하고 뒤이어 클린턴(Bill Clinton) 대통령이 미국의 안보는 "전세계적으로 공정하고 지속적이며 영원히 민주적인 평화가 보장되는 것을 미국이 도와주는 데 달려 있다"고 주장한 것은 미국의 거대한 냉전전략이 오늘날도 재검토의 대상이 아니라 그대로 재확인되고 있음을 보여주고 있다.

사실, 1992년 미국 정부에 의해 비밀리에 작성되어 언론에 유출된 바 있는 '1994~1999 회계 연도를 위한 방위계획지침(Defense Planning Guidance for the Fiscal Years 1994~1999)'은 냉전 시대부터 추구되어 온 미국의 패권정책이 탈냉전 시대에도 변함없이 지속될 것임을 단적으로 보여 주고 있다. 그것은 "우리의 첫 번째 목표는 구 소련 영토에 있는 나라(러시아를 지칭 - 필자 주)이건 다른 지역에 있는 나라이건 간에 이전에 소련에 의해 제기된 바 있던 '미국 주도 질서'에 대해 위협을 가하는 새로운 경쟁자의 등장을 막는 것이다. 미래에 지역적 혹은 범세계적인 지배를 위한 전략적 목표와 군사력을 개발할 가능성이 있는 다른 잠재적인 국가들 혹은 국가들의 연합체가 존재한다. 지금 우리의 전략은 미래에 출현할 수 있는 잠재적인 범세계적 경쟁자의 등장을 막는 데 다시 초점을 맞추어야 한다"고 주장했다.

발칸 반도 사태(보스니아 및 코소보 사태)에 대한 미국의 군사적 개입을 둘러싼 미국 내의 논쟁은 미국의 대외정책이 궁극적으로 무엇을 추구하고 있는지를 명백히 보여주었다. 비록 개입을 주장하는 사람들은 인도주의적 이유를 그 명분으로 내세웠으나, 근본적으로는 미국이 주도하는 세계질서와 관련된 일련의 원리를 염두에 두고 있었다. 그 원리는 기존의 국제질서를 무너뜨리려는 '침략자들'의 징벌, 국경선의 현상 유지, 국제적 불안정의 제거 등을 포함하고 있었다.

이러한 원칙들은 미국의 외교정책에 그대로 반영되고 있다. 부시(George W. Bush) 대통령은 2002년 1월 의회에서 행한 그의 첫 번째 연두 연설에서 이라크·이란·북한을 '악의 축(axis of evil)'으로 규정하고 제거 대상으로 삼았다. '악의 축'은 연설문 초안에서 '증오의 축(axis of hatred)'이었으나, 표현이 너무 직설적이고 거칠다는 이유로 '악의 축'으로 바뀌었다. 그는 2003년 1월 의회에서 행한 그의 두 번째 연두 연설에서는 '악의 축'이라는 말을 쓰지 않았다. 그 대신에 그는 이들 나라를 가리켜 "핵무기, 생화학 무기를 추구하고 보유하는 불법 정권"이라고 비난했다.

미국은 이들 '악의 축' 국가의 반미 정권들을 미국이 구상하고 추구하는 세계질서에 반하는 세력으로 보고 이들을 제거하고자 한다. 그 첫 번째 대상이 이라크의 사담 후세인 정권이었다. 미국은 2003년 3월 18일 후세인에게 48시간 이내에 이라크를 떠나라는 최후통첩을 발표했고, 후세인이 이를 거부하자 3월 20일 전세계적인 반전 여론에도 아랑곳하지 않고 바그다드 시내에 대한 정밀 폭격을 시작으로 이라크를 공격했다. 전쟁은 미국의 일방적인 승리로 끝났고, 부시 대통령은 4월

15일 이라크 전쟁에서의 승리를 선언했다. 아마도 미국은 이라크에 군정을 실시하면서 친미 정권을 수립할 것으로 보인다. 이라크에 이어 대량살상무기를 보유한 것으로 의심받거나 테러 지원 국가로 지목되어 온 시리아·이란·북한의 반미 정권들 역시 미국의 제거 위협의 목표가 되고 있다. 미국은 이들에 대해서 정치적·경제적 압박이나 직접적인 무력 사용 등의 방법을 동원할 것으로 보인다.

미국의 외교정책이 구 유고슬라비아 지역처럼 자국의 국익에 크게 중요하지 않은 지역에서 발생한 사태에 의해서도 위협받는다는 세계관에 입각해서 이루어지고 있는가? 이 물음에 답하기 위해서는 미국 외교정책의 '공식적인 사고'가 먼저 검토되어야 할 것이다. 미국의 안보가 자국에 대해서 본질적으로 전략적 가치를 지니지 못한 지역에서 발생한 사태에 의해서도 위태로울 수 있다는 생각은 오랫동안 미국의 외교정책을 이끌어온 원동력이었다. 미국이 베트남의 공산화를 막기 위해, 이른바 '25년 전쟁'을 벌이거나 1990년대 코소보 문제에 적극적으로 개입한 것 등은 자국의 전략적·경제적 이익에 그다지 중요하지 않은 곳에 적극적으로 관여한 적절한 예이다

이렇게 자국의 중요한 국익에 직접적으로 영향을 주지 않는 지역의 문제에도 미국이 적극적으로 개입하게 된 이유는 자신의 전략적·경제적 이익을 보장하는 세계질서를 적극적으로 수호하려는 미국의 세계전략 때문이었다. 이 경우, 미국의 국익에 크게 중요하지 않은 지역도 상대적이지만 중요성을 띠

게 된다. 예컨대, 클린턴 행정부는 발칸 반도의 위기가 탈냉전 시대에 새로운 국제질서의 수립을 주도하려는 미국의 의지를 시험하고 있다고 생각했다. 클린턴은 발칸 문제가 "세계의 다른 인종 분규들을 어떻게 다루어야 하는지의 시금석이 되고 유럽 공동체와 대서양 동맹, 국제연합 그 자체를 포함하는 극히 중요한 국제적 조직들의 효용성 여부를 결정할 것"이라고 말한 바 있다.

클린턴은 냉전 시대에 사용하던 도미노 이론을 부활시켜 구 유고슬라비아의 불안정이 다른 나라들에게로 번지고, 그렇게 됨으로써 미국이 결국 위태롭게 될 것이라고 우려했다. 미국이 베트남 전쟁을 치른 것과 같은 논리로 클린턴은 자국의 국익을 지키기 위해 미국이 주도하는 세계질서를 건설하는 데 노력을 경주해야 한다고 주장했다. 그는 미국이 "세계의 중앙 집권적이고 억압적인 정권하의 불안정하고 극히 민족주의적인 국가들과 민주적인 국가들 중 어느 것으로 이루어져야 하는지" 선택해야 하고, 자신의 선택에 대해 무거운 책임을 다하지 못한다면 "미국은 보다 민주적이고 안정적인 세계를 창조할 기회를 잃게 될 것"이라고 말했다. 이 논리에 따르면, 북한 정권은 미국에 치명적이고 공존이 불가능하며 궁극적으로 제거의 대상이 된다.

결국 도미노 이론, 세계정치는 민주주의와 독재정치 간의 양극화된 이데올로기적인 대립으로 이루어진다는 생각, 자국이 주도하는 세계질서의 건설을 위한 미국의 지도력과 결의에 대한 집념, 나토(NATO)와 같은 동맹체제의 활력 유지, 이 모두가 새로운 탈냉전 시대 미국의 대외정책을 이끄는 원리들이다. 그러므로 냉전의 종말이 유럽과 동아시아에 대한 미국의 계속적인 안보 의무를 해제하는 것은 아니었다.

모습 드러낸 미국의 외교전략

미국의 외교정책 입안자들이 무엇 때문에 탈냉전 시대에도 여전히 냉전 시대와 다름없이 유럽과 동아시아에 대한 미국의 안보 공약을 중요시하는가를 이해하기 위해서는 미·소 간의 대립의 차원을 넘어선 시각으로 냉전 시대를 바라봐야 한다. 제2차세계대전 이후 미국 정부는 자국의 패권에 바탕을 둔 국제질서를 추구했다. 그러한 목표는 소련의 존재나 그들의 행동과는 사실상 거의 상관이 없었다. 미국의 지도자들은 자신들의 광범위한 목표가 소련의 불안감을 증대시키고, 전쟁의 위험을 고조시킨다는 사실을 잘 알고 있었다.

만약 소련의 팽창주의의 위험이 서유럽과 동아시아를 미국의 안보 우산 하에 두는 유일하고도 가장 중요한 이유였다면, 왜 미국이 현재 서유럽과 일본, 그리고 한국이 자국의 안보를 스스로 감당할 수 있음이 명백해진 후에도 안보 공약의 유지라는 기존의 전략을 버리지 않고 있을까? 그리고 미국은 왜 소련이 사라진 지금도 자국이 주도하는 나토와 동아시아에 대한 미국의 안보 공약이 여전히 미국의 안보에 필수 불가결하다고 주장하고 있는가? 그 이유는 제2차세계대전 이후 미국 안보정책의 근본적인 목표가 소련의 팽창을 억제하는 데 국한되어 있지 않았기 때문이다.

냉전은 미국이 소련과 서유럽 세계, 양측 모두에 대해 패권 전략을 추구하도록 하는 계기가 되었다. 미국은 서독과 일본을 자신이 주도하는 안보 및 경제 구조에 편입시킴으로써 두 개의 중요한 목표를 이루었다. 그 목표는 첫째, 서독과 일본을 반소 진영에 합류시켰다는 사실이고, 둘째로 보다 중요한 사실은 예전의 적국들(서독과 일본)이 스스로를 억제하게 되었다는 점이다. 다시 말해서, 이들 두 나라는 스스로 군사 강국이 되기를 포기하고 미국의 안보 우산을 받아들이게 되었다. 미국은 이 '2중의 봉쇄(억제)'정책을 통하여 서유럽과 동아시아에서 평화를 유지하는 책임을 맡게 되었다. 미국은 서독과 일본의 힘을 억제함으로써 그들의 이웃 국가들(예컨대, 한국과 프랑스)에게 이들 동맹국들이 평화적인 국가가 될 것임을 보장했고, 그럼으로써 경제적으로 재건된 독일과 일본이 자신들을 지배할지 모른다는 이웃 국가들의 우려를 해소시켰다. 미국에게 유럽과 동아시아에서의 평화 구축은 자국의 번영에 필수적인 개방적 세계 경제체제를 창조하고 유지하는 밑바탕이었다.

전후 미국의 서유럽 정책은 그야말로 성공적이었다. 서유럽인들은 상호간의 역사적인 적대감과 안보 불안감을 청산하고 유럽 내에서의 경제적 통합과 미국과의 상호 의존적인 경제 관계를 이루어낼 수 있었다. 서유럽의 안정과 안보가 경제적 협력에 바탕을 두고 있었기 때문에 미국은 서유럽을 소련으로부터 보호하는 것만큼이나 서유럽 자신으로부터 방어하는 것을 중요하게 생각했다. 마찬가지로, 미국이 부활된 일본을 제어함으로써 동아시아 지역은 무력 투쟁보다는 상업과 무역에 그 힘을 집중할 수 있었다. 그 결과, 동아시아에서는 시장 경제와 자본주의가 번영할 수 있었다.

전후 미국 외교전략의 목표가 미·소 간의 대립과 경쟁을 넘어 세계질서를 이끌어 가는 것이었기 때문에 탈냉전 시대에도 미국이 같은 외교전략을 추구하는 것은 놀랄 일이 아니다. 사실, 소련이 사라짐으로써 미국이 자신의 목표를 완성하기 위한 마지막 장애물이 제거되었다. 소련의 사멸로 인해, 미국의 지도자들은 자신들의 대외정책 원리와 목표를 보다 솔직히 드러내게 된 것이다.

탈냉전 시대에도 계속되는 미국의 세계전략은 미국이 지배적인 힘을 갖는 대신 다른 나라들이 자신의 안보를 책임질 필요성을 느끼지 않아야 악성 지역 갈등과 분쟁을 막을 수 있다는 믿음에 바탕을 두고 있다. 이 논리에 따르면, 미국이 안보 '우산'을 제거할 경우 다른 나라들은 그들 자신의 외교 및 안보정책을 '재 국유화'하게 된다. 즉, 이들 나라들은 자신의 외교 및 안보정책을 미국으로부터 독립시키려 할 것이다. 서유럽과 동아시아에 대한 미국의 안보 공약은 서독과 일본이 강력한 군사력을 유지할 필요성을 없앴고, 그럼으로써 지역 국가들 간의 '전통적인 경쟁'을 억제시켰다. 그렇지 않았더라면,

이들 지역에서의 국가들 간의 경쟁은 제어할 수 없는 군사적 긴장, 분쟁, 침략으로 나아갈 수도 있었다. 또한 그러한 지역 분쟁들은 궁극적으로 미국의 국가 이익을 심각하게 훼손하게 되었을 것이다. 그래서 미국의 지배하에 있는 나라들에서 외교 및 안보정책이 '재국유화'되는 것을 막는 것은 미국이 주도하는 안정적인 국제질서를 유지하는 데 필수적이었다.

미국은 유럽과 동아시아의 국제질서를 제어하고 또 통제하기 위해 초강대국으로서 자신들의 힘을 사용한다면, 국제질서가 미국이 원하지 않는 형태로 흘러갈 가능성을 막을 수 있다고 생각하고 있다. 그래서 미국은 '방위계획지침'에 나와 있는 바와 같이 국제 무대에서의 지도적 역할을 유지하려고 한다. 이 '방위지침'은 미국이 자신에게 유리한 국제적인 환경을 보장받기 위해 다른 나라들이 "미국의 패권에 도전하거나 기존의 정치·경제질서를 전복할 것을 추구하는 것을 막아야 하고, 잠재적인 경쟁자들이 보다 큰 지역적 역할 내지는 세계적 역할을 갈망하는 것을 저지할 메커니즘을 유지해야 한다"고 주장하고 있다. '잠재적인 경쟁자들'이 독일과 일본인 것은 잘 알려진 사실이다. 이러한 미국 외교정책의 목표들은 1940년대 말 냉전 시대에 미국의 국가 안보정책을 결정지었던 시대적 요구 사항을 그대로 반영하고 있다. 냉전 역사가 레플러(Melvyn Leffler)는 그러한 시대적 요구 사항이 "통합된 유럽이나 통일된 독일, 독자적인 일본이 제3세력으로 부상하도록 허용되어서는 안 된다"는 점을 바탕으로 하고 있었다고 말했다.

발칸 문제의 중요성

미국이 추구하는 세계전략을 이해함에 있어서 난해한 것은 미국이 왜 자국과 별로 이해 관계가 없는 지역에 그토록 개입하려고 하느냐 하는 점이다. 이 경우, 가장 두드러진 예가 발칸 반도일 것이다. 다른 지역의 유사한 성격의 위기와 함께 구유고슬라비아 사태는 미국의 국익에 해로운 일련의 위기로 확산될 수 있기 때문에 미국에 위험한 것으로 간주되었다.

발칸 문제에 대해 미국의 개입을 촉구한 사람들은 우선 발칸 반도가 불안정하고, 세르비아의 팽창주의는 벌을 받아야 하며, 그래야만 여전히 나토가 건장함을 보여 주게 된다고 주장했다. 이들 개입주의자들은 나토가 유용한 기구가 될 수 없다면 유럽은 대서양 동맹이 치유해야 하는 해묵은 악습들(예컨대, 힘의 정치, 민족주의적 경쟁, 인종 분규 등)이 있는 구시대로 되돌아갈 것이라고 말했다. 그들은 나토가 탈냉전 시대의 안보를 위한 기구로서 발칸 문제에서 그 기능과 능력을 발휘해야 한다고 주장했다. 그들은 만약 나토가 발칸 문제를 해결하지 못한다면 지난 50년간 다져진 서유럽의 정치적·경제적 협력이 무너지고, 유럽 대륙은 지정학적으로 어려운 문제들로 가득 찬 예전의 상태로 되돌아갈 것이라고 경고했다.

발칸 문제가 어떻게 미국의 국익을 위협할 것인가에 대해서, 개입주의자들은 미국이 발칸 문제의 해결에 실패한다면 궁극적으로 경제적인 고통을 받게 될 것이라고 주장했다. 개입주의자들의 논리의 출발점이자 미국이 추구하는 세계전략의 기초는 자국의 번영이 국제적인 상호 의존적 경제체제에 달려 있다는 사실과 그러한 상호 의존적인 경제체제는 지정학적인 안정과 미국의 안보 공약의 확인을 전제 조건으로 하고 있다는 사실에 있었다. 예컨대, 1992년 9월 체니(Dick Cheney) 국방장관(현 부통령)은 미국이 세계 지도자로서의 역할을 포기할 수 없다고 주장했다. 그는 그 이유로 "미국도 그 일부인 전세계적인 시장은 지역 분쟁과 불안정 그리고 침략의 위협이 있는 곳에서는 번영할 수 없다. 미국의 경제 번영과 안보는 평화적이고 민주적인 국가들이 계속 성장하는 안정된 세계질서에 달려 있다. 적대적이고 반민주적인 정권들은 침략이 결코 보상받을 수 없다는 사실을 깨달아야 한다"고 강조했다.

그렇다면 발칸 반도에는 과연 어떤 미국의 국익이 걸려 있다는 말인가? 그 해답은 지난 1990년대 초에 있었던 걸프 전쟁 전에 제기된 유사한 질문에 부시 1 행정부(1989~1993) 시대의 고위 지도자들이 답했던 것과 똑같은 것이었다. 그것은 바로 미국인들의 일자리였다. 인디애나(Indiana) 주 출신의 루거(Richard Lugar) 연방 상원의원(전 상원 외교위원회 위원장)은 페르시아 만 지역의 불안정이 "유럽의 경제에 치명상을 입히게 될 것이고, 미국의 수출 잠재력이 유럽의 경제 회복에 달려 있기 때문에 미국인들은 직장과 수입을 잃게 될 것"이라고 경고했다. 국가안보국(National Security Agency) 국장이었던 오덤(William Odom)은 1992년 11월에 나온 허드슨 문서(Hudson Briefing Paper)에서 미국이 경제적인 이유로 인해 구 유고슬라비아 문제에 군사적으로 개입해야 한다고 밝혔다. 그는 "미국이 중심적 역할을 하는 강력한 나토만이 서유럽이 편협한 국가주의에 빠지고 궁극적으로 현재 수준의 경제적·정치적 협력 관계를 후퇴시키는 상황을 막을 수 있다. 그러한 무질서로 나아가는 경향은 미국의 안보 이익뿐만 아니라 경제적 이익에도 영향을 미칠 것이다. 미국과 서유럽 간의 상호 의존적인 경제체제는 미국인들을 위해 많은 일자리를 만들어낸다. 이렇게 볼 때 유고슬라비아는 대서양 공동체의 탄력을 시험하고 있는 것이며, 그것은 미국의 지도력에 대한 중요한 전략적 도전이 되고 있다"고 주장했다.

이러한 종류의 주장은 분명히 클린턴 행정부의 외교정책에 영향을 미쳤다. 클린턴 행정부의 한 관리는 미국이 발칸 반도에서 얻게 되는 경제적 이해 관계는 직접적이지는 않더라도 미국이 걸프 전쟁에서 갖고 있던 것과 유사하다고 말했다. 그는 "거기서는(페르시아 만에서는) 미국인들이 석유 위에 앉아 있고 그들이 이해할 수 있는 분명한 경제적 이익이 존재했다. 여기서는(발칸 반도에서는) 그 결과가 보다 덜 직접적이지만 마찬가지로 중요하고, 그러나 표현하기가 쉽지 않다"고 주장했다. 미국의 번영이 미국이 주도하는 세계질서에 달려 있다는 생각은 매우 애매하고 복잡한 의미를 함축하고 있다.

이중적인 '문호 개방(Open Door)' 정책

미국이 주도하는 세계를 건설하려는 전략의 바탕에는 미국의 중요한 무역 및 재정 관계가 정치적 격변에 의해 흔들리지 않도록 경제적으로 중요한 지역들을 군사적으로 보호해야 한다는 믿음이 깔려 있다. 미국의 세계전략이 경제적 이해 관계에 의해 결정된다는 이러한 생각은 미국 외교정책의 마르크스·레닌주의적 해석, 즉 제국주의적 팽창정책은 독점 자본주의 발전의 불가피한 결과 내지 자본주의가 최고의 한계 단계에 이른 결과라는 해석에 해당한다. 또한 그러한 생각은 윌리엄스(W.A. Williams)를 비롯한 좌파 역사가들이 제시한 미국 외교정책의 해석, 즉 급진적인 '문호 개방 학파'의 견해에 바탕을 두고 있다. 윌리엄스는 미국의 정치가들이 미국의 경제적 복지와 미국 민주주의의 생존은 궁극적으로 수출과 외국과의 재정 관계에 달려 있다고 믿기 때문에 미국 정부는 팽창주의적인 무역 관계에 유리한 안전하고 안정적인 환경을 보장하는 '고결하고 전능한' 비공식적인 제국의 수립을 필요로 하게 되었다고 말했다. 그는 미국 정부의 국제주의자들은 항상 "자유 경쟁의 원리가 통용될 수 있는 시장의 보호와 확장"이라는 중대한 책임감을 갖고 있다고 주장했다.

상호 의존적인 경제체제로 인해 세계전략이 개입주의를 선택하게 되었다는 견해는 아이러니컬하게도 자유주의 성향을 가진 국제주의자들의 주장을 왜곡하고 있다. 이들 자유 무역의 미덕을 주장하는 사람들은 국가를 국제적 경제 거래로부터 분리시키는 것이 전쟁과 제국주의를 막는 길이라고 주장했다. 자유 무역주의를 주장한 19세기의 맨체스터 학파(Manchester School)는 자유 무역이 전세계적으로 번영을 증대시킬 뿐만 아니라 국가들을 정치적·경제적으로 상호 협력하게끔 유도해 국제 평화에 이바지하는 효과를 낸다고 강조했다. 어쩌면, 세계질서에 관한 미국 외교정책 입안자들의 생각은 맨체스터 학파의 관점에서 나왔다고도 할 수 있다. 오늘날 '복합적인 상호 의존체제'의 주창자들은 첫째로 미국 경제가 갖고 있는 서유럽 및 동아시아와의 밀접한 관련성이 미국과 그 동반자 국가들의 번영에 매우 중요하고, 둘째로 그들 간의 관계에 영향을 미치는 전쟁은 경제적으로 너무나 치명적이어서 생각할 수도 없다고 주장한다. 이러한 '무역 국가(trading state)' 견해의 주창자들은 경제 관계가 한 나라의 부와 국력을 증대시키는 최선의 수단이 되기 때문에 전쟁은 용납될 수 없다고 생각한다.

그러나 미국의 외교정책 입안자들은 자유 무역주의의 이와 같은 정치 논리는 거부하고, 오직 경제 논리만을 받아들이고 있다. 그들은 자유 무역이 국가들 간의 자연스러운 조화를 창조한다는 고전적인 이론을 받아들이는 대신에 자유 무역을 가능하게 하는 국가 간 이해 관계의 조화를 이루는 수단으로 미국의 군사력을 강조한다. 이들이 보기에, 미국의 안보 공약은 상호 의존적인 경제체제를 이루기 위해 필수 불가결한 전제조건이다. 이러한 관점에서 볼 때, 체니·루거·오덤의 주장들은 모두 오늘날 맨체스터 학파의 이론이 더 이상 통하지 않는다는 사실을 보여 주고 있다. 미국의 외교정책 입안자들은 상호 의존적인 경제체제를 평화의 자극제로 보기보다는 탈냉전 시대 유럽과 동아시아에서 미국의 군사력을 유지하고 발칸 사태 등에 대해 미국의 군사적 개입을 정당화하는 수단으로 보고 있다. 이러한 세계전략은 미국으로 하여금 지역 불안에 의해 야기되는 경제 및 외교정책의 '재 국유화', 즉 민족주의적인 정책에 의해 시장과 원자재에의 접근이 폐쇄되지 않도록 필요하다면 언제든지 전쟁을 할 준비가 되어 있어야 함을 요구하고 있다. 실제로 미국의 외교정책 입안자들은 전쟁 혹은 최소한 계속적인 전쟁 준비는 자국의 경제적 번영에 득이 된다는 생각을 하고 있다. 미국이 2003년 3~4월에 있었던 '이라크 전쟁'의 승리를 통해 이라크에서 후세인 정권을 무너뜨리고 친미 정권을 세워 석유 이권을 독점하려고 한 것은 미국이 추구하는 세계전략의 관점에서 보았을 때 당연한 귀결이라 하겠다.

미국의 세계 지배전략에 관한 경제적 논리에서 가장 놀라운 것은 그것이 거의 무제한적인 성격을 띠고 있다는 점이다. 즉, 상호 의존적인 경제체제는 불가피하게 미국의 안보 공약의 끝 없는 확산으로 이어진다는 점이다. 영국의 제국주의 정책을 연구한 영국 역사가 로빈슨(R. Robinson)과 갤러거(J. Gallagher)는 만약 한 지역이 잠재적으로 불안정하고 그 지역이 자국의 이익에 극히 중요하다고 믿고 그러한 불안정을 막을 수단을 지닌 강대국이 있다면, 그 국가는 제국주의적 지배를 추구하게 될 것이라고 말한 바 있다. 예컨대, 19세기 영국의 정책 입안자들은 영국의 경제적 건강이 인도의 소유에 토대를 두고 있다고 믿었다. 그래서 영국은 동양에 이르는 통로를 확보하는 것을 전략적 지상 과제로 삼았다. 그 때문에 영국 정부는 오스만 투르크 제국의 붕괴를 막았고, 지중해와 동아프리카와 남아프리카에서 넓은 영토를 얻었으며, 이집트의 안보와 안정의 책임을 맡았다. 그러나 그 뒤의 역사적 판단은 명백했다. 즉, 영국은 경제적 이익을 지키기 위해 세계의 안정을 스스로 책임지게 되었고, 그와 같은 제국의 확장은 영국의 힘의 원천이 되기보다는 대영 제국의 약화를 초래했다. 오늘날 미국 또한 그러한 전철을 밟지 않으리라는 보장은 결코 없다.

'제국'의 확장

자유 무역의 제국이든 혹은 이른바 '초청받은 제국(empire by

invitation)'이든 간에, 유럽과 동아시아에서 미국의 역할을 볼 때 미국은 '제국'이다. 현상 유지, 동맹국의 안전 보장, 지역적 안정, 상호 의존적인 경제체제에 바탕을 둔 세계질서를 추구하는 미국의 대외정책은 계속해서 미국의 관심과 힘을 불안정한 변경(frontier)으로 확산시킨다. 미국이 불안정한 변경으로 나아가면 갈수록 미국의 안보 공약도 증가할 수밖에 없다. 미국의 군사력은 미국의 국익에 대한 직접적인 위협을 저지하고 방어해야 할 뿐만 아니라 한국에서처럼 다른 나라의 안보에 대한 위협도 저지하고 제거해야 하기 때문이다. 후자의 요구는 전후 미국이 추구하는 세계전략의 초석이 되고 있다.

앞에서 잠시 언급한 '방위계획지침'은 미국이 자국의 이익뿐만 아니라 동맹국 및 우호국의 이익을 위협하는 또는 국제관계를 심각하게 훼손할 수 있는 잘못된 행동들(예컨대, 북한의 핵무기 개발)을 선별하여 해결해야 하는 엄청난 책임을 갖게 될 것이라고 지적했다. 만약 미국 정부가 다른 나라들의 안보 문제를 해결할 수 없다면, 미국이 구상하는 세계질서를 위한 전략은 무너지고 말 것임에 틀림없다. 인도·구 이라크·북한과 같은 나라들은 자국의 안보를 위해 강대국 혹은 지역적 강국으로 대두하고자 재래식 군사력을 증강하고, 핵무기를 개발하려고 하며, 독립적인 지정학적 행위자로 행동하려고 한다. 미국의 전략가들은 다른 나라들의 그러한 독자적인 행동은 미국의 경제적 국익이 근거하고 있는 지역적 안정과 미국의 안보 '우산'을 파괴할 것이라고 주장하고 있다.

미국의 세계 지배전략은 미국을 범세계적인 제국으로 나아가게 할 것임에 틀림없다. 구 유고슬라비아 문제에 미국이 적극적으로 개입한 데는 미국이 '제국'으로서 항구적이고 엄청난 부담과 책임을 져야 한다는 사실이 내포되어 있다. 1992년 한 국방부 고위 관리는 미국이 앞으로도 유럽과 동아시아의 안보를 보장하고 지역적 안정을 유지시켜 나갈 것이라면서 "우리가 철수하면 어떤 골치 아픈 사태가 일어날지 아무도 모른다"고 주장했다. 미국의 안보전략에 따르면, 미국은 전세계적으로 언제 어디서 무슨 일이 일어날지 모르기 때문에 항상 그곳에 머물러 있어야 한다. 이렇게 볼 때, 주한 미군의 완전한 철수는 결코 쉽게 이루어지지 않을 전망이다. 베트남 전쟁이 한창일 때 러스크(Dean Rusk) 국무장관은 미국은 "전체적인 환경이 안전할 때만 안전하다"고 말한 적이 있다. 사실, 러스크의 말은 미국의 정책 입안자들의 사고에 비춰볼 때 결코 지나친 말이 아니었다. 1990년대 이후 체니, 오덤 등은 러스크의 안보 논리를 사용하여 막연한 불안정과 침략의 위협으로부터 상호 의존적인 경제체제를 보호할 것을 역설하고 있다. 공산주의의 위협은 냉전 시대에 미국이 가장 싫어하는 것이었다. 그러나 탈냉전 시대에는 상호 의존적 경제체제에 대한 위협이야말로 미국이 가장 싫어하는 것이 되었다.

미국의 국익이 전세계적인 차원에서 정의되고 있으므로 미국이 개입해야 할 지역은 셀 수 없이 많아지고 있다. 미국은 서유럽과 동아시아처럼 기존의 이해 관계를 가진 지역뿐만 아니라 구 동유럽의 불안에도 관심을 가져야 한다. 미국의 전세계적 개입을 주장하는 사람들은 구 동유럽 공산권의 불안정이, 서유럽 세계로 '넘쳐흐를' 수 있기 때문에 나토는 모든 유럽 국가들의 국경선을 보장해야 하고, 미국이 지도력을 행사해야 한다고 주장한다. 즉, 그들은 미국이 전세계적으로 정치적·경제적인 위협을 제거하기 위해 강력한 지도력을 행사해야 한다고 말하고 있다. 이와 같이, 탈냉전 시대에 미국이 구상하고 있는 안보전략은 나토가 안보 공약을 동부 및 중부 유럽, 발칸 반도, 러시아, 발트 3국이나 우크라이나같이 구 소련 연방을 구성했던 국가들에게까지 확대해야 할 뿐만 아니라 중앙 아시아 국가들과 북아프리카 지역의 안정을 도모하는 책임 또한 져야 할 것을 요구하고 있다. 그 이유는 중앙 아시아 지역의 불안정은 터키로 확산될 수 있고, 그 결과 이 지역의 대규모 난민이 서유럽에 유입되면서 미국의 경제적 번영에 필수적인 지역적 안정이 훼손될 수 있기 때문이다.

이러한 견해의 바탕에는 봉쇄정책의 근간을 이루었던 도미노 이론과 유사한 이론이 자리잡고 있다. 그것은 구 유고슬라비아처럼 경제적인 면에서 미국과 중요하지 않은 관계있는 지역의 불안정이 서유럽같이 범세계적인 상호 의존적 경제체제를 유지하는 데 중요한 지역에 악영향을 미칠 수 있다는 점이다. 그래서 냉전 시대의 도미노 이론과 마찬가지로, 탈냉전 시대의 도미노 이론은 전략적으로 '변경'에 해당하는 지역에 대한 미국의 군사적 개입을 요구하고 있다.

탈냉전 시대의 외교정책 비판

패권유지를 위해 미국이 감내해야 하는 '고비용'

1945년 이후 냉전 시대 미국의 외교정책에 대한 담론은 1930년대의 '교훈(현실주의)'과 윌슨(Woodrow Wilson) 류의 고전적 자유주의(이상주의)를 바탕으로 전개되었다. 이제 이러한 종류의 담론은 더 이상 논의할 의미를 상실했다. 세계적인 힘의 균형이 급속도로 미국 중심으로 옮겨져 냉전 시대 미국이 추구했던 외교정책의 원리와 근거가 무너졌기 때문이다. 탈냉전 시대인 오늘날 미국의 세계전략은 지금까지 살펴본 바와 같다. 그러한 미국의 전략(패권 국가, '제국')은 과연 타당성을 지니고 있으며 다른 대안은 없는가? 아니면, 미국은 여러 강대국 중의 하나로서 다른 강대국들과 세력 균형을 이루며 공존할 가능성은 없는가? 현재의 미국은 세계 유일의 초강대국으로서 '제국'의 길을 택하려고 할 것이다. 이러한 경향은 부시 행정부 시대에 더욱 두드러지고 있다. 부시 행정부의 대외정책은 한마디로 말해서 이전보다 더욱 이데올로기적 성향이 강하고, 친 이스라엘적이며, 극단적이고, 대결적이다. 부시 대통령은 때때로 정치가이기보다는 신념의 타협을 거부하는 성직자의 모습을 보이고 있다. 이러한 성향으로 인해 미국의 대외정책은 일방주의의 모습을 띠고 있으며, 그러한 외교정책은 전세계적으로 많은 반발과 비판을 불러일으키고 있다.

상호 의존적인 경제체제가 탈냉전 시대 미국의 외교정책을 이끄는 근간이 되고 있는 한, 미국의 지도자들은 유럽과 동아시아의 지역적 안정을 보장할 필요성을 의심치 않을 것이다. 그런데 두 지역 모두 정치적으로 정적이기보다는 유동적이다. 따라서 지역적 안정을 꾀해야 할 미국의 지도자들에게는 커다란 부담이 되고 있다. 무엇보다도, 동아시아에는 미국의 세계전략에 반하는 북한이 존재하며, 북한 문제의 원만한 해결 없이는 동아시아의 지역적 안정이 어려울 수 있다. 북한은 대량살상무기를 국제적인 테러 국가나 조직들에 수출함으로써 미국의 현상 유지 정책을 위태롭게 할 수 있다. 그러나 미국의 외교정책 입안자들은 항상 자국의 세계전략에 따르는 '비용' 문제를 별반 고려하지 않고, 결과적인 경제적 혜택만을 강조한다. 예컨대, 페르시아 만의 석유 이권을 보호하는 데 따르는 방위비용 부담은 값싸고 안정적인 석유의 공급이라는 혜택에 의해 정당화되고 있다. 그러나 그런 석유 이권 보호에 드는 비용을 고려하면 그 석유는 그렇게 값싼 것이 아니다.

　마찬가지로, 유럽과 동아시아의 안정 유지비용은 상호 의존적인 경제체제가 주는 혜택과의 상관 관계에서 고려되어야 할 것이다. 많은 사려 깊은 미국인들은 그들의 번영을 불안정한 지역에 걸고 있다는 본질적인 위험성 때문에 미국의 해외 석유 의존에 대해서 우려하고 있다. 똑같은 우려가 유럽과 동아시아 지역의 경우에도 적용될 수 있다. 위험한 경제 관계에 의존하는 것은 고비용의 그리고 잠재적으로 위험한 방위 공약을 동반한다. 역사적으로 많은 제국들이 자신의 경제적 번영을 불안정한 지역에 의존한 결과 파멸의 길로 나아갔다. 그러므로 미국의 외교전략은 상호 의존적인 경제체제가 갖는 비용과 효과 간의 상관 관계 및 미국의 세계질서 주도 전략과의 연관성 속에서 이루어져야 할 것이다.

　또한 사려 깊은 미국인들은 자국의 안보 공약에 대한 재평가가 필요하다고 생각한다. 일반적으로, 제국 내지 강대국의 대외적 팽창에 따르는 비용은 엄청나다. 그래서 시간이 흐르면 제국 유지의 비용이 경제적 힘을 소진시키고, 결과적으로 안보 공약의 약화를 초래하여 제국의 지위는 약화된다. 그러나 미국의 외교정책 입안자들은 미국 '제국'의 과다 팽창에 대한 변화를 요구하는 그와 같은 '쇠퇴론'적 해결책을 거부하고 있다. 1970년대에 국방장관을 지낸 슐레진저(J. Schlesinger)는 "미국은 강대국으로서 국제질서를 유지할 과업을 갖고 있으며 중요한 공약을 포기하는 것은 그러한 불가피한 과업과 조화되기 어렵다"고 주장했다. 즉, 미국의 외교정책 입안자들은 자국의 지도력이 훼손되는 것을 두려워하기 때문에 국제적인 책임이 재조정되는 것을 원치 않는다. 그들은 미국의 지배력을 양도하기보다는 고비용을 감당하는 게 낫다고 생각한다.

오늘날 미국의 지도자들은 자국의 외교정책 비용을 우려하기보다 제국의 과소 팽창이 더 위험하다는 입장을 취하고 있다. 그들은 미국의 방위비가 줄어들면 더 이상 미국의 방위 공약에 확신을 갖지 못한 지역 강국들이 '민족주의적' 목표들을 추구할 것이고, 그 결과 발생하는 지역적 혼란은 미국의 경제적 이익들을 위태롭게 하여 궁극적으로 미국 방위비의 극적인 반등이 불가피해질 것이라고 본다. 그러므로 그들은 미국 '제국'의 유지비를 줄이기보다는 더 많은 미래의 방위비 지출을 사전에 막기 위해서, 즉 경제적인 측면을 이유로 현재의 방위비를 늘릴 것을 주장한다. 이러한 주장은 미국의 세계 지배전략과 맥을 같이 하고 있지만, 그 경우 역사적으로 다른 강대국들이 겪은 운명을 미국도 따를 가능성이 있다.

또 다른 강대국, 미국

미국은 다른 나라들이 보다 큰 국제적 역할을 하는 것을 견제하고 있기 때문에 '세계 경찰'이 아니라고 주장하면서도 항상 국제적 개입을 주도하고 있다. 클린턴은 1993년 4월 발칸 문제와 관련해서 "결국 우리들은 세계 유일의 초강대국이다. 우리들은 세계를 이끌어야 한다"고 말한 바 있다. 물론 미국의 지도자들이 집단 행동의 논리를 보다 잘 이해했더라면, 그와 같은 생각은 필연적으로 일종의 '자충수'가 된다는 점을 깨달았을 것이다. 즉, 미국 스스로 세계를 이끌 수 있다고 말하면 다른 나라들은 뒤로 물러앉아서 미국이 그렇게 하도록 방관한다. 이것은 서유럽이 발칸 문제에 대해서 실제로 취한 행동이었다. 서유럽 국가들은 미국이 상당한 지상군과 공군력을 동원하여 세르비아를 징벌하는 데 앞장섰기 때문에 밀로세비치 정권에 대한 군사 행동에 나서게 된 것이었다. 결국, 미국은 '제국'의 유지에 엄청난 비용을 지불해야 하는 것이다.

막대한 '제국' 추구 전략의 비용 및 결과와는 별도로 미국의 패권전략에 대해, 그것은 냉전의 종식과 함께 끝났다는 보다 근본적인 반대가 있다. 냉전 시대에 소련은 미국이 보다 큰 세계질서의 목표를 이루는 데 필요한 도구였다. 그러므로 미국의 정책 입안자들이 탈냉전 시대에 냉전을 그리워하는지 의문이지만 소련의 존재를 아쉬워할 가능성이 크다.

미국 국내적으로 소련의 위협은 미국인들이 '안보 국가'와 관련된 정치적·경제적 고비용을 감내하도록 했다. 대부분의 미국인들은 봉쇄정책의 필요성이 소련의 위협 없이도 추구되었을 세계질서 지배전략과 우연의 일치를 보였음을 이해하지 못했다. 그래서 미국인들은 왜 탈냉전 시대에도 엄청난 액수의 방위비가 필요하고 해외 공약이 그렇게 광범위한지 궁금해하고 있다. 소련은 해외에서도 미국이 자국의 패권전략을 수행하는 데 유용한 도구로써 기능했다. 미국의 지배전략을 위해서 소련은 편리한 적이었다. 소련은 미국에게 진정한 위협이 될 정도로 결코 강력하지는 않았지만, 1945년 이후 미국이 구축한 안보 및 경제 구조에 일본과 서유럽이 들어가도록 강요할 정도로는 위협적이었다.

그러나 적대적 경쟁국 소련이 없어지면서 그와 같은 지정학적인 구조는 변할 수밖에 없다. 왜냐하면 이제 일본과 서유럽은 미국의 군사적 보호를 보장받기 위해 자신의 국가적 자립과 국익을 희생할 필요를 느끼지 않기 때문이다. 게다가 미국 중심의 단극 체제의 세계는 미국의 힘을 견제하기 위한 다른 강대국들(예컨대, 일본·독일·중국)의 대두를 자극하게 될 것이며, 실제로 그러한 움직임이 일어났다. 2003년 봄에 일어난 이라크 전쟁 무렵의 프랑스는 독일 및 러시아와 힘을 합쳐 미국이 주도하는 이라크 전쟁에 반기를 들고 미국의 견제 세력이 되고자 했다. 그러나 그 결과는 실패로 끝났다. 미국이 예상보다 훨씬 신속하고 완벽하게 이라크 전쟁에서 승리함으로써 이들 국가들은 미국의 현실적인 힘을 인정하지 않을 수 없었다.

요컨대, 미국의 외교정책은 아마도 '제국'과 상호 의존적인 경제체제의 비용이 그 혜택을 초과할지라도 바뀌지 않을 것이다. 미국의 지도자들은 자국이 세계를 계속 이끌어야 한다고 생각한다. 그들은 미국의 안전과 번영이 계속된다면 완전한 국제질서가 현실적으로 이루어진다고 믿고 있다. 약 250년 동안 자유주의적 개입주의자들은 자유 무역, 상호 의존, 민주주의의 확산에 의해 초래되는 '국제 정치의 끝'이 이루어지리라 생각했다. 오늘날 미국의 지도자들은 자국의 세계전략의 목표가 마침내 이루어지고 있다고 믿고 있다. 그러한 견해는 '미국 예외주의(American exceptionalism)'의 산물이다. 그들은 미국이 역사상의 다른 강대국들과 달리 지구상의 불확실성, 불안정, 위험을 내버려둘 수 없다고 생각한다. 다시 말해서, 그들은 미국이 전쟁, 불안정, 강대국들 간의 안보 및 경제적 대립, 세력 균형과 같은 기존의 세계질서의 형태를 초월하는 새로운 질서를 형성해야 한다고 믿고 있다. 반면에, 현실주의자들은 미국이 보통의 강대국들처럼 행동할 수 있고 또 행동해야 한다고 생각한다. 그들도 지리적 위치, 핵 억지력, 여전히 막강한 경제력 등으로 인해 미국이 역사상의 다른 어떤 강대국보다 훨씬 더 안전하다고 믿는다. 그러나 그들은 미국인들이 상대적으로 안전한 가운데 살고 있지만 다른 형태의 위협 때문에 그 안전이 절대적이지 않다고 생각한다. 실제로 2001년 9월 일어난 9.11 테러는 그러한 믿음을 현실로 만들었다.

오늘날 미국의 안보 불안은 국익 보호와 세계질서 유지 간에 조화를 이루지 못한 미국 외교정책의 자해적인 결과이다. 1945년 이후의 양극화된 세계에서 미국은 때때로 패권 확립이라는 대 야망을 이루기 일보 직전까지 갔었다. 그러나 오늘날의 예측 불가능한 세계에서는 미국이 자국 주도의 세계질서를 이루려는 것은 거의 불가능하다. 냉전의 좋은 시절이 지나 갔다는 미국 지도자들의 말은 미국 정부가 국제적으로 일어나고 있는 변화들을 미국 주도의 세계질서에 대한 도전으로 여기고 있음을 암묵적으로 시인한 것이다.

국제정치는 정적이 아니라 역동적이다. 그리고 미국은 새로 대두하는 지정학적인 현실에서 도피할 것이 아니라 이를 받아들여야 할 것이다. 탈냉전 시대에 미국은 자신을 축으로 하는 단극 체제에서 절대적인 안전을 확보하지 못할 것이다. 사실 그와 같이 이루지 못할 것을 추구하는 것은 미국을 보다 덜 안전하게 만드는 역효과를 초래한다. 다극화 세계가 대두한다면 그것은 다소 혼란스럽고 경쟁적일 수 있다. 그러나 다른 강대국들이 심각하게 위협받고 매우 불안전해지는 반면에, 미국은 오히려 대부분의 국제적 긴장의 영향으로부터 벗어나게 될 것이다. 하나의 강대국으로서 미국은 한발 뒤로 물러나 다소 초연한 상태로 세계 정세를 관망할 필요가 있다. 역사의 교훈에 의식적으로 눈을 감는 자들만이 제국의 추구에서 미덕을 발견할 수 있을 것이다. 현실주의자들은 미국이 "단순히 또 다른 강대국일 수는 없다"고 한 클린턴의 말에 동의하지 않는다. 오히려 그들은 미국이 나아갈 길에 대해 "실제 세계에서 우리들은 스스로를 방어하고 여러 강대국들 사이에서 또 하나의 강대국으로 살아가는 법을 배워야 한다"는 리프먼(Walter Lippermann)의 말을 믿는다. 하지만 미국 지도자들의 세계관이 결코 그렇게 급진적으로 변할 것 같지는 않다.

미국의 세계전략과 한반도

변화의 국면을 맞고 있는 한·미 관계

미국과 조선은 1882년 5월 22일 수호통상조약을 체결했지만, 미국이 한반도와 본격적으로 관련을 맺게 된 것은 제2차 세계대전이 끝난 후였다. 제2차세계대전이 끝나기 직전인 1945년 8월 10~11일 밤 미국은 비밀리에 북위 38도선을 경계로 한반도를 미·소 양국의 점령 지역으로 분할하는 안을 만들었다. 미국은 즉시 이 한반도 분할안을 소련에 제시했고, 소련은 이를 받아들였다. 그 결과, 한반도는 미·소 양국의 점령 지역으로 나누어지게 되었다. 원래 한반도의 분단은 일본군의 항복을 받기 위한 '잠정적인' 조치였다. 그러나 미국과 소련

간의 냉전이 심화되면서 한반도의 분단은 고착화되었고, 한반도는 완전히 상반된 원리와 후원자들에 기초한 두 적대적인 정권이 경쟁하고 대립하는 장소가 되었다.

해방 이후 남한에는 미군정이 실시되었고, 1948년 8월 미국의 후원으로 대한민국이 수립되었다. 이후 한국은 미국과 긴밀한 유대 관계를 유지했고, 미국이 주도하는 자본주의 세계 체제에 편입되어 경제 성장을 계속했다. 1950년 6월에 일어나 1953년 7월 휴전 협정으로 종결된 한국전쟁의 결과로 한국에 대한 미국의 안보 및 경제 공약은 한층 확고해졌다. 무엇보다도 한국은 1953년 10월에 체결된 한·미 상호방위조약을 통해 미국의 안보 '우산' 하에 들게 되었다. 그리고 한·미 양국은 두 나라 간의 방위 및 경제 동맹을 충실히 지지하고 유지했다. 한국에 대한 미국의 안보 및 경제 공약은 대규모의 원조를 수반했다. 1945년부터 1976년까지 미국은 총 125억 달러의 원조를 한국에 제공했는데, 그 중 군사 원조는 68억 달러였고 경제 원조는 57억 달러였다. 그동안 두 나라 간의 관계는 사실상 일방적이었다. 미국은 보호자로서 결정을 하고 한국은 피보호자로서 그 결정을 따르는 관계였다.

그러나 1980년대 후반 이후 한국의 급속한 경제 성장, 정치적 민주화, 자주 국방력의 향상은 한국인들 사이에서, 특히 1980년대의 민주화 투쟁 시기에 성년에 도달한 젊은 세대 한국인들 사이에서, 민족 자긍심과 자신감을 불러일으켰다. 이러한 민족주의의 대두는 기존의 한·미 관계에 근본적인 변화를 요구하고 있다. 즉, 그것은 한·미 양국 간의 동맹 관계가 한국의 새로운 변화들을 반영하도록 재조정될 것을 촉구하고 있으며, 이 과정에서 양국 간에 갈등이 조성되고 있다.

한·미 양국 간의 동맹 관계의 핵심은 주한 미군이다. 미군의 한국 주둔은 1945년 9월 8일 하지(John R. Hodge) 장군과 72,000명의 미 제24군단이 남한에 진주하면서 비롯되었다. 그 뒤 주한 미군의 철군 논의가 계속되다가 마침내 1949년 6월 29일 미국은 주한 미군을 완전히 철수시켰다. 그러나 1950년 6월 한국전쟁이 일어나자 미군은 다시 한국에 진주해서 오늘날까지 주둔하고 있다.

당시에 한국은 미국의 세계전략 구상에서 '변경' 지역에 속해 있었다. 미국의 지도자들이 자국의 안보뿐만 아니라 다른 나라의 안보에 대한 위협도 저지하고 제거해야 한다고 생각하여 안보 공약을 변경 지역으로 확대하면서 미국의 안보 우산에 편입된 것이다. 냉전 시대에 한국은 공산 세계에 대한 자본주의의 성공을 의미하는 하나의 상징이었다. 그리고 전세계적으로 미국의 굳건한 안보 공약을 보여 주는 하나의 상징이기도 했다. 다시 말해서, 냉전 시대에 한국은 미국의 실제적인 전략적 이익보다는 국가적 명예를 위해서 중요한 지역이었다. 그러나 미국의 안보 우산 하에서 한국은 경제 성장을 거듭하여 오늘날 미국의 10대 교역국 중의 하나가 되었다. 이제 한국은 미국이 그토록 이해 관계를 갖고 중요시하는 동아시아의 상호 의존적 경제체제의 중요한 일원이 되었다. 그러나 그러한 공헌의 결과 오늘날 양국 간의 동맹 관계가 긴장과 갈등의 관계가 되었음은 아이러니컬하다.

주한 미군의 재조정으로 대표되는 한·미 동맹 관계의 변화는 불가피하다. 그것은 여러 가지 이유에서 연유된다. 우선, 그동안 주한 미군은 북한의 남침 위협을 성공적으로 저지해 왔다. 그러한 성공 그 자체가 미국의 동아시아 전략에서 주한 미군의 중요성을 감소시켰다. 동시에, 한국군이 이전보다 더욱 강해져서 주한 미군의 필요성을 상당 부분 희석시키고 있다.

다음으로, 미국과 주한 미군에 대한 한국인들의 비판적인 인식이 최근 비약적으로 증가했다. 특히, 그들의 부모 세대보다 풍요롭고 자유로운 분위기에서 성장한 젊은 세대는 이전 세대보다 미국에 대해 훨씬 비판적이다. 미국의 퓨 연구소(Pew Research Center)가 세계인을 대상으로 실시해서 2002년 12월 4일 발표한 여론 조사에 따르면, 한국은 아시아 국가들 중 미국에 가장 비판적인 국가이다. 그리고 '햇볕정책'으로 알려진 김대중 정부의 북한에 대한 적극적인 포용정책은 주한 미군이 한국의 안보에 대해서 갖는 중요성에 회의를 갖게 하는 의도하지 않은 결과를 초래했다.

미국에서의 주한 미군 재조정 논의에는 한국에서 일고 있는 반미주의의 고조에 대한 반작용도 일부 작용하고 있다. "양키 고 홈(Yankee go home)"이라고 적힌 플래카드를 들고 미국 국기를 불태우는 반미 시위자들의 모습은 부시 대통령이 북한 지도자 김정일보다 더 위협적이라고 주장하는 일부 젊은 한국인들의 주장과 함께 미국 정부의 대한(對韓) 정책에 영향을 미쳤음에 틀림없다. 한국인들이 한·미 양국 간의 동맹을 평가 절하하는 데 대한 미국인들의 분노는 의회의 청문회와 미국 주요 신문들의 독자 투고란에서 잘 나타나고 있다.

주한 미군의 재조정에는 여러 가지가 포함되고 있다. 거기에는 '인계 철선(trip-wire)'의 역할을 하기 위해(한·미 상호방위조약에는 미국의 자동 개입을 위한 장치가 없기 때문에 주한 미군을 북한군의 공격 위협에 노출시키는 이러한 인계 철선이 필요했다.) 서부 전선의 비무장 지대를 따라 주둔하고 있는 수천 명의 미 제2사단 소속 미군을 한강 이남으로 옮기는 방안, 일정한 수의 감축 혹은 완전한 철수 등이 들어 있다.

2003년 초 럼스펠드(Donald H. Rumsfeld) 미국 국방장관은 비무장 지대 근처에 주둔하고 있는 미군을 한강 이남으로 재배치하거나 일부 주한 미군을 철수시키려는 계획이 워싱턴에서 논의되고 있다고 밝혔다. 그는 3월 초 주한 미군이 완전히 철수할 수도 있다고 말했다. 3월 중순 미국 국방부의 한 고위 관리는 '인계 철선'은 시대에 뒤떨어진 낡은 개념(4월 20일 라포트(Leon J. LaPorte) 주한 미군 사령관은 인계 철선을 '파산한' 개념이라고 주장했다)이므로 제2사단을 한강 이남으로 옮길 것이라고 말했다. 그는 또한 수도 서울 중심부에 위치하고 있는 용산 미군 기지도 가능한 한 빨리 한강 남쪽 지역(아마도, 평택-오산)으로 이전할 것이라고 밝혔다. 그리고 그는 한국 국민들이 원한다면 주한 미군은 "언제라도, 심지어 내일이라도" 한국을 떠날 것이라고 주장했다.

미국의 세계전략은 전세계적으로 언제 어디서 무슨 일이 일어날지 모르기 때문에 미국이 언제나 그곳에 머물러 있어야 할 것을 요구하고 있다. 게다가 동아시아 지역은 북한 핵 문제에서 보여지듯 결코 정적이지 않고 유동적인 지역이다. 이렇게 볼 때, 주한 미군의 재조정이 있을지라도 미군의 완전한 철수는 어려울 것으로 보인다. 더구나 주한 미군의 완전한 철수로 안보 공약을 해제하는 것은 한국에 대한 미국의 결정적인 영향력이 상실되는 것을 의미하기 때문에 미국의 지도자들이 주한 미군의 완전한 철수를 감행하기는 힘들 것이다. 실제로, 부시 행정부의 콘돌리자 라이스(Condoleeza Rice) 백악관 안보보좌관은 2003년 3월 9일 주한 미군 철수 논의와 관련해 "누구도 한국에 대한 미국의 방위 공약을 오해해서는 안 된다"며 "우리는 한국에 강력한 미군을 계속 유지할 것"이라고 밝힌 바 있다.

오래된 대립, 북한과 미국

미국과 소련 간의 한반도 분할 점령에 따라 소련의 점령 지역이 된 북한은 미국과의 관계에 관한 한 한국과는 정반대의 길을 걸었다. 즉, 북한과 미국은 제2차세계대전 이후 숙명적으로 적대적인 관계를 맺지 않을 수 없었다. 양국 간의 관계는 때로는 피로 점철되어 있었다. 1950년 6월 한국전쟁이 발발하자 미국은 국제연합(유엔)군을 이끌고 북한과 싸웠다. 미국은 북한의 배후에 소련이 있다고 보았다. 그래서 한국전쟁을 냉전이라는 보다 큰 범주의 미·소 간의 대결로 본 미국은 북한의 남침을 극동에서뿐만 아니라 전세계적인 차원에서 집단안전보장체제를 위협하는 중대한 사안으로 여겼다. 미국의 지도자들은 미국이 한국전쟁에 개입한 진정한 동기는 소련의 팽창주의를 저지하는 것이라고 생각했다.

한국전쟁에서 미국과 북한은 모두 값비싼 대가를 치렀다. 미국은 33,635명의 전사자와 115,152명의 부상자, 5,178명의 포로와 실종자 등 총 153,965명의 인명 피해를 입었다. 그리고 당시 금액으로 약 150억 달러의 전비를 소모했다. 북한은 294,151명의 전사자와 229,249명의 부상자 등 총 523,400명의 인명 피해를 입었고, 국제연합군의 폭격으로 평양을 비롯한 북한 전역은 거의 잿더미가 되었다.

1966년부터 1969년 사이에 북한은 미국이 베트남 전쟁에 전념하고 있는 데 고무되어 잦은 도발로 미국의 한국 방위 결의를 시험하고자 했다. 이를 두고 많은 역사가들은 '제2의 한국전쟁'이라고 부른다. 이 기간 동안에 미국은 한반도에서 82명의 사망자와 114명의 부상자를 내었으며, 85명의 미군이 북한의 포로가 되었다. 85명의 포로 중 82명은 미국의 정보 수집함 '푸에블로(USS Pueblo)' 호를 북한이 공해상에서 불법 나포함으로써 발생했다. 1969년 이후 북한이 미국의 한국 방위 결의를 재확인하게 되면서 그러한 적대 행위는 감소했다. 이 기간 중인 1968년 1월 23일 북한은 푸에블로 호를 납치해서 그 승무원들을 포로로 삼았고, 1969년 4월 15일에는 동해의 북한 영공 밖에서 두 대의 미그기가 미국의 비무장 첩보기인 EC-121기를 격추시켜 미국기 승무원 31명이 전원 사망했다. 그 뒤, 1976년 8월 16일에는 북한군 수십 명이 판문점 공동 경비 구역 내에서 미루나무 가지치기를 감독하던 유엔군 사령부 소속 미군 장교 두 명을 학살하기도 했다. 한마디로, 미국의 한국 방위는 값비싼 대가를 치르며 이루어졌다.

　북한은 처음부터 미국에 대한 정책에서 두 가지의 중요한 목표를 갖고 있었다. 그것은 첫째, 한국에서 주한 미군을 철수시키는 것이었고 둘째, 1953년 7월에 체결된 휴전 협정을 북한과 미국 간의 평화 협정으로 대체하는 것이었다. 북한은 이들 두 가지 목표가 이루어지면 한국 정부를 붕괴시키고 통일을 이룩할 수 있다고 보았다. 그리하여 북한은 집념을 갖고 이 두 가지 목표의 실현에 매진해 왔으며, 그 과정에서 때로는 실수를 범하거나 국제적인 외교 규범을 무시하기도 했다. 북한은 외교 관계 수립의 전(前) 단계로서 미국을 양자 간의 협상 테이블로 끌어들이기 위해 할 수 있는 모든 방법을 총동원했다. 미국의 학자·언론인·의원들을 북한에 초청하고 북한의 학자들이나 관리들이 미국에서 개최되는 학술 회의에 참석한 것은 그 한 예에 해당한다. 미국이 외교 관계 정상화라는 북한의 희망을 들어주기를 거부하자, 북한은 1990년대 들어 '핵 카드'를 꺼내었다. 그 결과, 북한은 마침내 1994년 주저하는 미국을 양자 간의 협상 테이블에 끌어들이는 데 성공했다. 1994년 10월 양국은 북한의 핵 동결과 미국의 경제적 보상 및 관계 개선 약속을 맞바꾸는 하나의 포괄적인 협정(Agreed Framework)을 체결함으로써 두 나라 관계에 있어서 새로운 시대를 여는 듯 했다. 일반의 생각과 달리, 북한은 핵 동결의 대가로 46억 달러 상당의 두 개의 경수로를 얻은 것보다는 양국 수도에 연락사무소를 설치하고 북한에 대해 핵무기를 사용하거나 사용하려고 위협하지 않겠다는 미국의 약속, 즉 양국 간의 정상적인 외교 관계 수립 희망에 보다 비중을 두었다.

그러나 이 새로운 관계는 북·미 양국이 협정을 준수해야만 유지되는 취약함을 내재하고 있었다. 결국, 미국에서 2001년 초 부시 행정부가 출범하면서 양국 간의 관계는 다시 파국을 맞게 되었다. 부시(George W. Bush) 대통령은 2001년 1월 의회에서 행한 연두 연설에서 북한·이라크·이란을 '악의 축' 국가들이라고 비난했다. 그리고 그는 2002년 3월 북한의 김정일을 '피그미(Pigmy)' '식탁 앞의 버릇없는 아이(a spoiled child at a dinner table)'라고 불러 그에 대한 강한 적대감을 드러내기도 했다.

반면, 클린턴 대통령은 세계가 억압적인 정권과 민주적인 국가들 중 어느 하나로 이루어져야 하고, 후자로 이루어지는 세계를 위해 미국이 그 책임을 다해야 한다고 주장했다. 이 경우, 북한이 미국의 배척 대상이 됨은 자명하다. 다만, 클린턴 행정부는 북한이 급작스럽게 붕괴되면 동북아시아에 엄청난 혼란이 야기될 것을 우려해 개방과 개혁을 통한 북한체제의 점진적인 변화를 추구했고, 이를 북한 '연착륙(soft landing)' 정책이라고 불렀다. 클린턴 행정부의 페리(William Perry) 국방장관은 북한을 가리켜 갑자기 고도를 잃은 고장난 비행기에 비유하면서 그 비행기의 파괴적인 추락 대신 '연착륙'을 촉구했다.

미국의 세계전략은 자국 주도의 세계질서를 변경하고자 하는 시도를 용납하려 하지 않는다. 그 구체적인 내용에는 '침략자를 향한 징벌'이 들어 있다. 미국이 볼 때 '악의 축' 국가들은 대량살상무기와 국제적인 테러 지원으로 그러한 현상 변경을 시도하려는 국가들이다. 따라서 이들 국가의 정권들은 궁극적으로 미국의 제거 대상이다. 미국은 이라크의 후세인 정권을 제거함으로써 이란의 이슬람 원리주의 정권과 북한의 김정일에게 경고의 메시지를 보냈다. 북한 정권이 안보의 위기를 느끼는 것은 당연하다고 하겠다. 실제로, 2003년 4월 럼스펠드 미국 국방장관은 미국이 중국과 힘을 합쳐 김정일을 축출하고 북한에서 정권 교체를 이루자는 내용의 비망록을 만들어 국방부를 포함한 미국 정부의 중요 관리들에게 회람시켰다. 이 사실은 부시 행정부 내부에 강경파를 중심으로 북한 정권에 대한 불신감이 뿌리 깊게 자리잡고 있음을 보여 주고 있다.

한마디로, 미국과 남·북한 관계를 보면 한반도는 정적인 곳이 아니라 매우 유동적인 곳이다. 그리고 남·북한 주위에는 미국 외에도 한반도에 나름대로 중요한 이해 관계를 갖고 있는 다른 강대국들이 있다. 이들 국가들, 즉 일본·중국·러시아의 존재는 미국의 남·북한 정책 및 한반도의 통일에 상당한 변수로 작용할 것이다.

제2부 반미주의의 성격과 기원

반미주의의 다양한 얼굴들

    반미주의(anti-Americanism)는 해외의 미국 문화원이 불타고 제3세계 국가 대표들이 국제연합의 표결에서 미국에 반대표를 던지는 행동과 같이 눈으로 쉽게 볼 수는 있으나 명확하게 정의하기는 매우 어렵다. 이렇게 반미주의를 정의하기가 쉽지 않기 때문에 사람들은 저마다 정의를 내놓고 있으며, 그것들은 모두 나름대로 반미주의를 이해하는 데 유용하다. 이런 가운데 나름대로 반미주의를 정의하면 다음과 같다.

    일반적으로 반미주의는 미국, 미국 정부, 미국의 국내 제도들, 미국의 대외정책, 미국의 주요 가치들, 미국의 문화, 미국인들에 대한 적대적인 행위나 표현이라고 말할 수 있다. 그것은 또한 미국의 존재(예컨대 주한 미군)와 정책들이 미국과 관계를 맺은 국가나 사회의 구성원들에게 불러일으키는 분노라고도 할 수 있다. 반미주의는 국제 기구들의 표결에서 미국에 반대하는 행위와 같은 계산된 정책일 수도 있고, 미국 문화원에 방화하는 것과 같은 자발적인 감정의 폭발을 의미할 수도 있다. 또한 그것은 오랜 기간에 걸쳐 미국에 의해 희생되었거나 손해를 보았다고 생각하거나 미국의 부당한 정책에 의해 모욕을 받았다고 느끼는 국민들, 사회 집단들 또는 개인들의 정당한 불만의 표출이라고도 할 수 있다.

한편, 반미주의는 미국을 상징하는 표상들(예컨대, 성조기)을 공격함으로써 미국의 대외정책에 대한 적대감을 뜻하기도 하고, 일시적인 미국의 대외정책보다 더욱 항구적인 미국적 가치, 관습, 제도에 반하는 철학, 이데올로기, 제도 등을 의미하기도 한다. 나아가, 반미주의는 미국에 대한 적대감을 추구하는 정신적 경향으로, 특히 미국의 문화와 그 문화의 해외에서의 영향력 증대, 즉 '코카콜라 식민화(Coca-Colonizing)'의 확산에 대한 반감이기도 하다. 그리고 반미주의는 흔히 외국인이 갖는 미국의 국가적 성격(만약 그것이 존재한다면)에 대한 경멸을 의미하고, 외국인들이 보는 미국인들, 그들의 매너, 그들의 행위에 대한 혐오감이라고도 할 수 있다. 마지막으로, 반미주의는 미국이 세계의 가장 강력한 자본주의 국가로서 사회적 불의의 원천이고 다른 자본주의 국가들의 보호자로 여겨지는 경우에는 반자본주의의 형태를 취하고 있다. 이렇게 반미주의는 다양한 형태와 의미를 지니고 있다.

그런데 반미주의는 '외국인'들이 행하는 미국에 대한 비판이나 적대감의 표현에 국한된다. 미국 사회에 대한 미국 국내의 비판이나 비난이 외국인들의 그것만큼 격렬할지라도, 그것을 반미주의라고 말하지는 않는다. 그런 경우에는 흔히 '비미국적(un-American)'이라는 개념이 사용된다. '비미국적'이라는 용어는 미국에서 반공주의가 비이성적으로 창궐하던 1940년대 말과 1950년대 초 국가 '전복' 활동을 조사하기 위해 만들어진 의회의 소위원회(House Un-American Activities Committee)의 이름에서 유래했다.

요컨대, 반미주의는 현상적으로 파악·발견하기는 쉬우나 정의하기는 대단히 어렵다. 따라서 반미주의는 여러 가지로 해석되고 이해될 수 있다.

맥도널드에서 악마론까지

반미 감정, 반미주의

반미주의가 미국의 모든 것, 미국 전체에 대한 체계적인 반대 내지 일종의 알레르기적인 반응을 의미하는 좁은 의미로 정의된다면, 실제로 그것은 아예 존재하지 않거나 아니면 거의 드문 현상이라고 할 수 있다. 반미주의는 그 말이 나타내는 바와 달리 결코 미국, 미국 사회, 미국의 문화, 미국의 힘에 대한 전체적인 거부를 의미하지는 않는다. 그것은 양면적이고 모호한 반대 감정들의 복합체로 보아야 할 것이다.

다시 말해서, 반미주의가 세계적으로 보편화된 현상이라고 할 때, 대부분의 경우 그것은 다분히 감정의 성격을 띠고 있다. 그것은 하나의 체계적인 이데올로기이거나 잘 다듬어진 사회적 비판 체계가 아니라 그보다는 충동, 감정 내지 정서, 일련의 소신의 성격이 짙다. 결국 반미주의는 이성적인 태도로 나타날 수 있는 성격의 것이라기보다는 열정, 본능 그리고 비합리적 태도의 모습을 지니고 있다. 그러한 감정적인 성격의 반미주의는 상황에 따라 적대감, 분노, 증오심 그리고 단순한 생색내기 등 여러 가지 형태를 취할 수 있는데, 이 모든 형태의 감정은 가슴속의 열정 혹은 마음의 상태를 나타내고 있다. 결국, 반미주의는 이성적인 태도로 보일 수 있는 성격의 것이라기보다는 열정, 본능 그리고 비합리적 태도의 모습을 지니고 있다.

사람들은 흔히 미국의 재즈나 록 음악에 열광하면서, '미국 팽창주의'의 상징물로 인식되고 있는 맥도널드(McDonald's) 햄버거와 코카콜라를 즐기면서, 또한 「달라스 *Dallas*」와 같은 미국의 인기 텔레비전 연속극에 환호하고 미국제 청바지를 자랑스럽게 입으면서 '미 제국주의'를 규탄한다. 1980년대 초에 한 미국의 해병 수병은 레바논의 베이루트에서 미국 여객기 승객들을 인질로 억류했던 이슬람 극단주의자들이 모두 「달라스」를 좋아했다고 회상했다. 그는 이들이 자신과 함께 매트리스 위에 누워서 「달라스」를 시청했다고 말했다.

서유럽에서는 제2차세계대전 이후 미국이 초강대국으로 등장하게 되면서 세계질서의 주도권을 장악하게 되고 서유럽이 모든 면에서 미국에 의존하게 된 데 따른 분노에서 반미주의가 일어났으며, 이런 현상은 동유럽에서의 반소주의와 맥을 같이 했다. 그러므로 1980년대 말 냉전의 종식과 더불어 소련이 사라지면서 유럽에서는 오직 미국만이 초강대국으로서 감내해야 할 적대감을 전담하게 되었다.

이렇게 반미주의는 아주 복잡한 성격을 갖고 있다. 그리고 그것은 두 가지 종류로 나뉘어질 수 있다. 즉, 반미주의에는 우선 미국적인 것으로 간주되는 문화적 경향을 거부하면서도 다른 한편으로는 미국의 낙관적 메시지에 고무되어 미국의 활력, 진취적 정신과 혁신적인 분위기, 미국의 힘을 찬미하는 종류의 것이 있다. 거꾸로 미국이 대외적으로 표방하는 '사명감의 열정', 즉 미국의 '글로보 캅(Globo Cop; 지구 경찰)'주의를 제국주의적이고 압제적인 정책이라고 생각하여 미국의 존재와 정책, 신조를 거부하면서도 미국의 문화를 고답적인 것에서부터 대중적인 것에 이르기까지 모두 받아들이려는 종류의 것이 있다. 내용상 완전히 상반되는 이러한 두 가지 종류의 반미주의는 흔히 정치적 성향에 의해 명확히 구분되어 나타나고 있는데, 전자의 이른바 '문화적 반미주의'는 보수적인 입장에 있는 사람들이 취하는 것이고, 후자의 '정치적 반미주의'는 특히 좌파에 속한 사람들 사이에서 전형적으로 나타나고 있다.

반미주의는 미국의 특정한 정책에 대한 비판과 혼동되어서는 안 된다. 즉, 미국의 특별한 정책이나 특정 행정부에 대한 반대 그리고 자국의 정치적 독립과 민족 자결, 즉 해당 국가에서의 민족주의의 대두는 반미주의로 취급되어서는 안 된다.

요컨대, 미국에 대한 광범위한 적대감의 많은 부분은 미국 사회, 미국 문화, 미국 외교정책의 결점에 대한 체계적인 비판, 즉 반미주의의 관점에서는 충분히 설명되지 않는다.

특정한 미국의 정책에 대한 반대 내지 비판은 반미주의로 여겨질 수 없다. 즉, 반미주의는 근본적으로 미국의 특정한 정책에 대한 적대감에 근거하고 있지 않으며, 미국에 대한 일반적인 적대 감정과 구별되어야 한다. 사실 반미주의의 뿌리는 깊은 데 있으며, 그것은 미국이 전세계에서 실제로 행하는 것들과는 거의 관계가 없다. 미국의 대외적인 이미지를 조사한 미국 해외 공보처(U.S. Information Agency)는 한 비망록에서 "반미주의를 미국의 외교정책에 대한 비판과 구별하는 것이 중요하다. 사람들은 그들의 미국에 대한 의견이 근본적으로는 나쁘지 않은 채로 미국의 정책을 비판할 수 있고 또한 비판한다"고 지적했다. 한마디로, 체계화되고 이데올로기화한 반미주의는 미국의 정책이나 행동과 관계가 있는 게 아니라 미국이란 무엇인가 내지는 미국이 무엇을 옹호하고 내세우는가 하는 보다 근본적인 문제와 깊은 관계가 있다.

이렇게 볼 때 반미주의는 미국의 특정한 정책에 대한 비판과 미국에 대한 전체적인 거부, 이렇게 두 가지로 구별하여 이해해야 할 것이다. 이 경우, 전자는 '반미 감정'으로, 후자는 '반미주의'로 정의할 수 있다. 전자는 보통 감정적인 상태에 기원을 두고 있고, 후자는 흔히 여러 반미적인 이데올로기에서 유래하고 있다.

반미 감정은 미국에 대해 완전히 적대적인 태도를 보이는 것이 아니라 미국의 특정한 정책이나 행위를 비판하거나 거기에 대해 분노하는 것이다. 이러한 관점에서 볼 때, 반미 감정은 특정한 사건이나 정책이 그 원인이라고 할 수 있다. 그것은 다양한 상황이나 정책에 의해서 자극을 받고, 미국과 해당 국가 간의 관계가 보다 원만해지거나 그러한 감정을 불러일으킨 사건이 진정될 때에는 약화되거나 사라질 수 있다.

한국의 반미주의

한국에도 이러한 두 가지 종류의 반미주의, 즉 정서적인 반미 감정과 이데올로기적인 반미주의가 공존하고 있다. 이 중 반미 감정은 한국에서 미국이 갖는 강력한 영향력과 존재, 한·미 양국 간의 문화적 배경의 차이 또는 의견의 차이 그리고 한국인들의 자존심 증대에 따른 미국의 오래된 오만을 청산하라는 요구 등에 의해서 나타나고 있는데, 이러한 반미 감정은 한국에만 국한된 현상이 아니라 많은 다른 나라들에도 존재하고 있다.

이데올로기적인 반미주의는 오늘날 세계 도처에서 발견되고 주장되는 이른바 '악마론'과 '사악한 미 제국주의론'에 바탕을 두고 있다. 이 이론들에 의하면, 미국은 한국에 모든 악을 가져오는 나라이고 또한 한국에서 그 자신의 이익 추구 이외에는 다른 목적을 갖고 있지 않는 나라이다. 따라서 미국은 한국에서 일어나는 거의 모든 문제들에 대해서 비난받을 수 있고 또한 비난받아야 한다. 이러한 반미주의도 물론 세계 도처에 존재하고 있다. 이 같은 반미주의는 흔히 '희생양' 이론의 전형적인 예라고 볼 수 있다.

미국은 초강대국으로서 언제나 해결책이 잘 보이지 않는 각종의 사회적·정치적 문제들에 대한 편리한 희생양이 되고 있다. 사실, 급진적인 운동권 학생들과 지식인들은 한국 현대 사회의 광범위한 모순이 미국과 밀접한 관련을 맺고 있다고 생각한다. 그들은 제2차세계대전 이후의 한반도의 분단, 한국전쟁, 1961년과 1979~1980년의 군사 쿠데타, 1980년 5월의 광주 사건('광주 민주화 운동'), 남북 통일의 지연, 한반도의 군사화, 미국의 광범위하고 강력한 경제적·군사적 영향력, 완전한 정치적 자유의 결여(예컨대, 국가보안법의 존재), 심각한 빈부 격차, 이 모든 것들이 직·간접적으로 미국과 관련되어 있는 것으로 생각하고 있다.

1988년 이후 한국 사회가 민주화되면서 국내정치가 상대적으로 안정을 보임에 따라, '미 제국주의' 타도는 급진적 학생 운동권의 가장 호소력 있는 구호가 되고 있다. 이들 운동권 학생들은 미국을 주한 미군을 통해 한국의 정치 및 경제를 장악하려는 점령국으로 여기고 있다. 이들은 또한 미국이 한국 사회의 모든 사악한 모순의 원천이라고 주장하고 있다. 이들 급진 운동권 학생들은 이러한 관점에서 총체적으로 미국을 거부하고 있다. 그들은 일단 미국이 한반도에서 축출되고 나면 한국 사회의 모든 모순이 자동적으로 해결되고 정의와 자유, 한국인의 자결과 민주주의가 이룩될 것이라고 주장한다. 이러한 종류의 반미주의는 물론 한국인 대다수의 정서와는 거리가 멀다. 지난 수년간에 걸쳐 한국의 대학들에서 이들 급진적 운동권의 힘은 점진적으로 감소하고 있는 추세이다.

이렇게 볼 때, 한국의 반미주의는 대부분의 경우 반미 감정의 형태를 띠고 있다. 다수의 한국인들은 미국 그 자체를 부인하고 반대하기보다는 미국의 특정한 정책(예컨대, 시장 개방 압력), 특정한 행동(예컨대, 주한 미군 범죄)에 대해 반대 의사를 보이고 분노를 나타내고 있다. 따라서 한·미 관계의 성숙에 따라, 그리고 미국에 대한 비판과 분노를 촉발시킨 사태가 진정될 때에는 그러한 성격의 반미주의는 해소될 수 있다. 다만, 감정적인 반미주의가 그 열기를 더해가고 오랜 세월을 두고 지속될 때에는 이데올로기적인 반미주의로 나아갈 수 있다.

한국은 과거 오랜 세월에 걸쳐 세계에서 가장 친미적인 국가들 중의 하나였으며 한·미 양국 간의 동맹 관계를 충실히 지지해 온 국가였다. 그러나 최근 들어 양국 간의 관계가 한층 복잡해짐에 따라 두 동맹국 간에 긴장이 유발되었다. 그리하여 한국에서도 반미주의가 나타나게 되었다. 소수의 급진적인 한국인들, 특히 운동권 대학생들은 격렬한 반미주의를, 즉 이데올로기적인 반미주의를 표출하고 있는 반면에, 대다수의 한국인들은 한·미 관계의 여러 상황에 대해서 그때그때 미국을 비판하는 감정적인 반미주의의 경향을 보이고 있다. 한마디로 말해서, 한국인들의 반미주의는 일반적으로 반미 감정으로 이해해야 할 것이다.

　미국을 반대하거나 비판하는 어떤 행동이나 표현을 이데올로기화한 반미주의로 볼 것이냐 아니면 인간의 정상적인 느낌에서 나오는 반미 감정으로 볼 것이냐의 여부는 바로 그것을 파악하고 이해하고자 하는 사람의 인식 여부에 달려 있다. 그러나 미국에 대한 어떤 적대적인 행위나 표현은 대부분의 경우 반미 감정의 성격을 띠고 있다.

천차만별, 반미주의의 유형

　반미주의는 여러 가지 방식으로 분류될 수 있다. 우선, 가장 간단한 분류 방식은 그것을 지역적으로 나누는 것이다. 이러한 분류 방법으로, 첫째 제3세계의 반미주의, 둘째 서유럽의 반미주의, 셋째 구 공산 세계의 반미주의 등 세 가지의 유형으로 구분할 수 있다.

　제3세계의 반미주의는 세계의 여러 지역에서 나타나는 반미주의 중에서 가장 강렬하여 반미주의의 전형적인 예가 되고 있다. 그것은 미국에 대한 여러 가지 정치적·경제적·사회적 비판들을 망라하고 있다. 제3세계의 반미주의는 다시 라틴 아메리카, 중동 내지 아랍 세계, 아프리카 그리고 아시아의 반미주의로 세분화될 수 있다.

서유럽의 반미주의는 제3세계에 비해 강도가 훨씬 덜하다. 그리고 서유럽의 경우, 반미주의는 정치적인 이유에서보다는 주로 문화적인 이유에서 나타나는 경향이 강하고 또한 미군의 주둔에 의해서도 형성되고 있다.

북한처럼 국가가 공식적으로 후원하는 성격을 지닌 구 공산 세계의 반미주의는 대중적인 지지에 기반을 두기보다는 고도로 조직화된 국가의 선전 활동에 바탕을 두고 있다. 공산 세계의 반미주의와 제3세계의 반미주의는 북한이나 쿠바와 같은 경우에는 중복되어 있다. 이들 국가의 경우, 반미주의는 제3세계적인 측면과 마르크스 – 레닌주의 이데올로기가 복합되어 미국에 대한 적대적인 반감이 국가 전체적인 현상으로 확산됐다고 볼 수 있으며, 이들 나라의 정책을 결정하는 중요한 요소가 되고 있다. 국가가 후원하는 공산 세계의 반미주의는 1980년대 말과 1990년대 초 공산권의 전반적인 붕괴로 인하여 그 강도와 범위가 크게 줄어들었다.

이렇듯 지역적으로 성격이 다른 반미주의들에서 공통적으로 나타나는 현상이 두 가지 있다. 첫 번째 현상은 미국에 대한 분노의 감정이고, 두 번째 현상은 실제적인 상태 혹은 여러 가지 감정들과 관련된, 예컨대 국가나 집단·개인 생활의 측면에서 자신들이 뒤처져 있다는 느낌, 열등하다는 느낌, 상대적으로 약하다는 느낌, 경쟁력이 쇠퇴했다는 느낌, 응집력이나 안정감을 상실했다는 느낌 등의 감정을 품게 되고, 이런 현상이 일어나게 된 상황에 대하여 명백하고 도덕적으로 만족스러운 설명을 찾으려고 애쓰는 필요성이다. 최근, 한국인들이 갖는 미국에 대한 분노는 무엇보다도 민족 자긍심의 대두에 따라 양국 간의 불평등한 관계 및 그동안 미국이 보여 준 오만을 용납하지 않으려는 데서 비롯되고 있다.

반미주의를 특히 제3세계의 경우를 중심으로 하여 세부적으로 분류해 보면, 첫째 사건에서 기원하는 반미주의, 둘째 이데올로기적인 반미주의, 셋째 도구로서의 반미주의, 넷째 혁명의 이념 내지 원리로서의 반미주의로 나누어 볼 수 있다.

사건에서 비롯된 반미주의

이러한 네 가지 유형들 가운데 가장 일반적으로 나타나고 있는 것은 사건에서 기원하는 반미주의이다. 그것은 미국 정부의 특정 정책이나 행동에 대한 적대감의 분출 또는 그러한 적대감을 분출하는 하나의 방식을 의미한다. 미국에 대한 분노나 적대감의 분출은 특정한 문제에 접근하는 미국 정부 혹은 미국인들의 고압적인 자세에 의해서 야기되기도 한다.

우선, 미국은 중동에서 이스라엘을 강력히 지지함으로써 아랍 진영의 분노를 불러일으키고 있다. 미국은 1948년 5월 이스라엘의 건국을 결정적으로 도왔으며, 그 후 계속하여 군사적·경제적·정치적으로 이스라엘을 강력히 지지하고 지원하고 있다. 아랍인들의 반미주의는 주로 이스라엘에 대한 증오가 미국으로 이전한 성격을 띠고 있다. 왜냐하면 아랍인들이 보기에 미국과 이스라엘은 매우 가까운 동맹 관계에 있고 상호 동일시되고 있기 때문이다.

라틴 아메리카의 반미주의는 그 지역, 특히 중앙 아메리카 지역에서의 미국의 간섭주의 정책에 대한 적대감에 뿌리를 둔 역사적인 성격의 것이다. 다시 말해서 라틴 아메리카인들이 갖고 있는 반미주의는 역사적으로 근원이 깊은 것으로 '과거', 즉 그 지역에 대한 미국의 지배와 영향력에 대한 '거부 반응'을 나타내고 있다. 아프리카의 경우, 반미주의는 대부분 미국이 인종분리정책(apartheid)을 실시한 남아프리카 공화국의 백인 정권과 긴밀한 관계를 유지한 데 대한 반감에서 나왔다. 남아프리카 공화국에서 흑인 다수 통치가 실현된 지금은 그러한 성격의 반미주의는 근거를 잃었다. 서유럽의 경우, 미국과 서유럽 각 국가 간에는 상호 우호 관계가 유지되어 왔으나 1980년대 핵무기의 유럽 배치 문제, 구 소련의 위협에 대한 미국과 유럽 각 국가 간의 상호 인식의 차이 등에 의해 미국은 때때로 유럽인들의 반감을 자아내었다.

이데올로기적인 반미주의

두 번째로 이데올로기적인 반미주의는 민족주의, 마르크스주의, 이슬람 근본주의와 같은 이데올로기 내지 신념 체계에서 유래하고 있다. 다시 말해서, 이데올로기적인 반미주의는 미국이 오늘날 세계에서 중심적인 '악한(villain)'이라는 신념,

즉 미국이 정치적·경제적으로 제국주의 국가라는 믿음과 미국 사회는 부르주아 퇴폐주의(decadence) 혹은 무신론적인 물질주의를 상징하고 있다는 믿음에서 기인하고 있다. 이러한 종류의 반미주의는 미국과 다른 나라, 특히 제3세계 국가 정부와의 심각한 정책적 갈등이나 대립 없이도 미국에 대한 적대감을 불러일으키고 있다.

민족주의는 상기한 이데올로기 체계들 중 가장 보편적이지만, 다른 두 가지 체계에 쉽사리 흡수되어 버리는 경향이 있다. 반미주의가 민족주의의 하나의 표현으로 나타나고 있는 가장 전형적인 경우는 라틴 아메리카에서 찾아볼 수 있다. 이 지역에서는 반미주의가 미국이라는 강대국이 자행하는 착취와 학대 그리고 거기에 따른 집단적인 굴욕감에 대한 약소국들의 반발이라는 민족주의의 발로로서 표현되고 있다.

마르크스주의는 이데올로기적인 반미주의에서 가장 중심적인 이론 체계이며, 그 중심 사상은 제국주의와 신제국주의 개념이다. 마르크스주의자들과 마르크스주의로 기운 통치 엘리트들과 지식 엘리트들은 미국의 자본주의(이른바 '카지노식 자본주의')를 그들이 변혁시키고자 노력하는 세계질서를 영속화하려는 '수호자'로 여기고 있다. 그들은 미국이 자신들이 타파하려고 하는 기존의 국제적 정치·경제 질서의 강력한 수호자이고 체제 변화를 막는 최대의 방해물이라는 신념을 갖고 있다. 그들은 이러한 사상 체계의 기초 위에서 강력한 반미주의 성향을 보이고 있다.

이데올로기적인 반미주의는 좌파 사람들만의 전유물이 아니다. 그것은 또한 전통적인 가치·제도·관습·사회적 관계를 부활하고자 하는 보수적 엘리트 세력들 사이에서도 발견되고 있다. 무슬림 세계의 이슬람 근본주의자들이 그러한 전형적인 예라고 할 수 있는데, 그들의 신념 체계와 행동은 그들 정부의 공식적인 대미 관계와는 상관없이 이루어지고 있다. 이란의 경우 전 사회가 이슬람 정부가 갖고 있는 미국에 대한 적대감을 두루 공유하고 있지만, 친미 정부가 들어서 있는 이집트에서조차도 이슬람 근본주의자들은 이집트에 대한 미국의 진출이 이집트의 전통적인 가치와 제도들의 유지에 중대한 위협이 된다는 생각에서 미국에 대해 강한 적대감을 나타내고 있다.

도구로서의 반미주의

도구로서의 반미주의는 국내의 정치적 목적을 위해서, 예를 들면 정부가 자신의 실정을 무마할 수 있는 희생양을 내세우기 위해서 혹은 정부에 대한 대중의 지지를 동원할 목적으로 정부가 미국에 대한 적대감을 선동하거나 조종하여 나타난 경우를 말한다. 이러한 유형의 반미주의는 해당 국가의 정부가 비교적 쉽게 불러일으킬 수 있고, '비용' 또한 비교적 적게 든다. 사실 미국은 그러한 '도구'로서 편리한 목표물이 되고 있는데, 그 이유는 미국이 전능하고, 타국을 지배하기 위하여 항상 음모를 꾸미고, 자국에 대하여 강한 침투력과 영향력을 갖는 초강대국이라는 인상을 강하게 주는 나라이며, 미국이 쉽사리 상대 국가와 같은 방식으로 대응할 수 없으리라 생각하기 때문이다.

　도구로서의 반미주의가 가장 잘 드러난 경우는 1980년대 노리에가(Manuel Noriega) 정권 하의 파나마와 산디니스타(Sandinista) 정권 하의 니카라과에서 찾아볼 수 있다. 1987년 여름 노리에가는 국내의 급증하는 민주화 요구를 저지하는 과정에서 그 자신을 미국의 압력에 용감하게 저항하는 사람으로 묘사하고자 했다. 그는 물론 미국에서 군사 교육을 받았고 그 이전에는 미국의 이익에 충실히 봉사한 친미주의자였다. 당시, 파나마 정부가 주동한 미국 대사관에 대한 공격으로 미국은 약 106,000달러의 손해를 입기도 했다. 반미주의는 또한 니카라과에서 산디니스타 정권 유지의 핵심적인 이데올로기로 이용되기도 했다. 산디니스타 정권의 강화, 산디니스타 정권의 좌경화는 모두 니카라과 국민들에게 북쪽의 거대한 적, 다시 말해서 미국의 존재로 인해 설명되고 정당화되었다.

　멕시코의 경우, 반미주의는 그 나라의 정치 문화 속에 자리 잡고 정치체제의 정통성을 보장하는 하나의 중요한 원천이 되어 왔으며, 또한 멕시코인들에게 민족적 자긍심과 정체성을 불러일으키는 결정적인 요소의 역할을 해왔다. 멕시코에서는 반미주의가 학교와 정치가들과 매스컴에 의해서 퍼뜨려지고 있다. 멕시코의 젊은 세대에 속한 사람들은 대체로 그들이 글을 읽을 수 있게 되는 순간부터 미국이 19세기 이래로 멕시코 문제에 적극적으로 개입해 왔다는 사실을 배우고 있으며, 멕시코 학생들은 미국이 자신의 일이 아닌 남의 나라 문제에 간여하는 국가이고, 그것도 그릇된 편에 서 있는 나라인 것으로 인식하고 있다. 멕시코 정부 당국은 국민들에게 미국이 가한 과거의 국가적 모욕을 상기시킴으로써 멕시코인들의 민족주의와 그에 대한 북쪽으로부터의 위협을 환기시키고 있다. 한마디로, 멕시코에서의 반미주의는 역사적인 치욕(여러 차례 전쟁에서의 패배와 미군의 점령)과 영토 상실이라는 깊은 '뿌리'로 인하여 계속적으로 하나의 중요한 정치적 힘 또는 '희생양'의 메커니즘으로 작용하고 있다.

혁명 이념·원리로서의 반미주의

혁명 이념 내지 원리로서의 반미주의는 흔히 미국과 긴밀한 관계를 맺고 있는 나라 중 친미 정권의 타도를 원하는 반정부 집단들 가운데서 발견되고 있다. 친미 정권을 공격하는 것은 자연히 미국을 공격하는 셈이 되어, 그들은 일종의 카타르시스를 맛보게 되는 것이다. 혁명 이념으로서의 반미주의는 보통 이데올로기적인 반미주의에서 나와 혁명 세력이 권력을 장악한 후에는 그 정권의 정통성을 유지시켜 주는 이데올로기적인 무기가 되고 있다. 예컨대 이란과 니카라과에서 친미 정권, 즉 팔레비 정권과 소모사 정권이 무너진 후 혁명 이념이 된 반미주의는 새로운 정권의 통치를 정당화하는 대중적인 힘이 되었다. 이란의 경우, 팔레비 정권 붕괴 후 오래도록 '대사탄(Great Satan)', 즉 미국은 호메이니와 그의 후계자 정권의 가장 증오스러운 적으로 비난받아 왔다.

형형색색, 반미주의 행위자들

다음으로, 반미주의를 선동·조종하고 그것을 표현하는 행위자들의 역할에 대해서 알아보기로 한다. 반미주의의 행위자에 관한 문제는 반미주의 유형과의 연관성 속에서 논의되어야 하는데, 그 이유는 이들 유형에 따라서 행위자들의 역할이 다르게 나타나기 때문이다.

먼저, 사건에서 기원하는 반미주의의 경우 보통은 해당 국가의 정부가 주 행위자가 되고 있다. 이 경우, 반미주의는 일차적으로 해당 국가 정부와 미국 정부 간의 정책 대립에서 초래되고, 정부와 관계가 없는 사회 엘리트들이 2차 행위자가 되고 있다. 다시 말해서, 미국의 특정 정책이나 행동에 의해서 혹은 미국과 해당 국가 간의 정책상의 대립에 의해서 일어나는 반미주의의 경우에는 일반적으로 해당 국가의 정부가 주도적인 역할을 하고 있다.

다음으로, 이데올로기적인 반미주의의 경우에는 그 반대 현상이 나타나고 있다. 즉, 이 경우에는 먼저 지식인 엘리트들이 반미적인 이데올로기 체계를 만들어내고, 이어서 그들의 이데올로기가 정부에 영향을 미치게 된다. 다시 말해서, 이데올로기적인 반미주의의 대두에 있어서는 그 사회의 지적 엘리트가 주 행위자 역할을 하고 해당 국가 정부는 2차 행위자가 된다.

도구로서의 반미주의의 경우, 정부가 자신의 필요에서 주 행위자가 되어 그 사회의 엘리트들과 대중에게 반미주의를 선동·조종하게 되고, 엘리트와 대중은 2차 행위자가 되어 반미주의의 태도를 취하고 표현하게 된다.

끝으로 혁명 이념으로서의 반미주의의 경우, 그것은 엘리트들과 대중이 동원되는 과정에서는 이데올로기적인 반미주의의 형태를 취하게 되고, 반미주의 이데올로기는 뒤이어 정권에까지 이르게 되는데 그 정권은 반미주의가 중요한 구성 요소를 차지하는 혁명 이데올로기를 갖게 된다. 다시 말해서, 혁명 이념으로서의 반미주의의 경우 정부와 사회의 엘리트, 그리고 대중 모두가 주 행위자의 역할을 하고 있다.

반미주의에서 여러 행위자들이 차지하는 역할을 정리하면 아래의 도표와 같다.

형태	정부	엘리트	대중
사건에서 기인하는 반미주의	XX	X	
이데올로기적인 반미주의	X	XX	
도구로서의 반미주의	XX	X	X
혁명 이념으로서의 반미주의	XX	XX	XX

XX=주 행위자

X=2차 행위자

반미주의의 다양한 표현 방식

　반미주의의 표현 방식은 상황에 따라서, 그리고 국가에 따라서 다양한 모습을 보이고 있다. 다양한 표현 방식을 정치적 영향력이 가장 작은 것부터 가장 큰 순서로 나열해 보면 다음과 같다.

　첫째, 태도 취하기: 개개인이나 일단의 집단들, 특히 그 사회의 엘리트들이 미국 정부, 미국인, 미국의 대외정책에 대하여 분노, 악의, 적대감을 느낀다. 미국에 대한 이러한 적대적인 태도들은 깊이 느껴지고 취해질 수 있지만, 보통은 잘 표현되지 않은 상태로 남아 있다.

　둘째, 구두 표현: 연설, 저술, 라디오나 텔레비전의 프로그램을 통해서 미국 정부, 미국인, 미국의 정책에 대한 비판과 비난이 가해진다.

　셋째, 시위: 조직화된 많은 사람들이 모여 미국 대사관이나 문화원 앞에서 혹은 거리에서 행진하고 연설하고 반미 구호를 외치면서 미국을 공개적으로 비난한다.

　넷째, 폭력: 미국 대사관, 영사관 그리고 문화원 등에 대한 폭력적인 군중의 공격이나 미국 관리들을 인질로 붙잡는 등의 행동이 이루어진다. 특히, 이러한 행동들은 극적인 효과나 전시 효과를 노리기 위해 과격성을 띠거나 텔레비전 화면 앞에서 전개되기도 한다. 또한, 테러 형태의 폭력, 즉 미국 대사관 건물에 대한 폭탄 투척이나 미국 관리의 암살, 미국 항공기의 공중 납치 같은 행동이 그 행동 자체가 전달해주는 반미 메시지와 함께 이루어지기도 한다.

반미주의 혹은 미국의 정책에 대한 회의와 비판은 젊은 세대와 교육을 많이 받은 사람들 가운데서 보다 많이 나타나고 있다. 다시 말해서, 반미주의는 일반적으로 수적으로 볼 때 소수의 사람들, 즉 그 사회의 엘리트 집단의 태도 내지 현상이라고 할 수 있다. 세계의 여러 지역들에서 일반 대중은 흔히 미국의 결점에 대해 보다 관용적이고 심지어 미국의 문화를 자기 자신들의 것으로 삼으려는 데 반해, 엘리트 집단은 미국적 가치들에 대해 비판적 태도를 견지한다.

그러나 다른 중요한 신념 체계나 태도와 마찬가지로 반미주의의 중요성은 그것을 표현하는 사람들의 숫자에 의해 결정되지 않는다. 왜냐하면 반미주의를 표방하는 엘리트들이 대중에게 미치는 강력한 영향력을 결코 무시해서는 안 되기 때문이다. 반미주의는 학자, 저술가, 언론인, 대학생과 같은 지식인 엘리트 가운데서 가장 강렬하게 나타나고 있다. 그리고 이들 지식인 엘리트들은 일반적으로 미국의 정책이나 행위보다는 미국의 이데올로기에 대해서 더욱 비판적이고 적대적이다.

라틴 아메리카의 반미주의는 지식인들이 중심이 되어 전개되는 가장 전형적인 예라고 할 수 있다. 다른 어떤 지역의 경우보다도 라틴 아메리카의 반미주의는 지식인이 주도하여 가장 강렬하게 표출되고 있으며, 민족주의뿐만 아니라 마르크스 - 레닌주의 사상 그리고 해방 신학과 상호 밀접하게 연관되어 있다. 멕시코의 지식인들은 '반미주의의 항의를 표시하는 사람들'로 정의되고 있고, 라틴 아메리카의 대학들은 반미주의의 온상으로 여겨지고 있다. 다른 지역에서처럼, 라틴 아메리카에서는 대학생들이 미국에 대해서 가장 비우호적이다.

반미주의가 지식인들의 태도나 행위라는 점에서는 한국도 결코 예외가 아니다. 한국에서도 반미주의가 지식인들의 전유물까지는 아니더라도, 지식인들이 반미주의의 형성과 확산에 주도적인 역할을 하고 있다. 한국의 경우 특히 지식인들의 사회적 영향력이 강한데, 그 이유는 한국 사회에 여전히 존재하고 있는 유교의 전통적인 교육 중시 사상 때문인 것으로 보인다.

요컨대, 반미주의는 특히 제3세계 반미주의의 경우 상황이나 국가를 기준으로 할 때 일반적으로 네 가지 유형으로 분류할 수 있으며, 그 유형별로 반미주의 행위자들의 역할은 다양한 모습을 보이고 있다. 그리고 이들 행위자들의 반미주의 표현 방식은 외부로 표출되지 않는 온건한 형태부터 과격한 폭력적 행동의 표출에 이르기까지 여러 가지 형태를 보이고 있다. 또한 반미주의는 일반적으로 그 사회의 엘리트들, 특히 지식인 엘리트들의 이데올로기이자 그들의 운동이라고 할 수 있다.

두 얼굴의 거인, 증오와 선망의 대상

　　반미주의는 흔히 실제보다 확대되어 보일 뿐만 아니라 미국에 대한 양면적인 태도의 한 단면에 그치는 경우가 많다. 반미주의가 광범위하고 강렬하게 나타나고 있는 제3세계에서도 미국의 정책에 대해서는 반감을 가질지언정 미국 내지 미국 사회에 대해서는 호의적인 감정들이 상당히 존재하기도 하며, 그것은 그 나라의 엘리트들이 미국을 인식하고 미국과 관계를 맺는 방식에 상당한 영향을 미치고 있다. 사실 한 외국 사회에 있어서, 심지어 한 개인에게 있어서조차도 미국에 대해 상충하는 태도가 공존하는 경우가 많다.

미국은 적(敵)이지만, 우리가 원하는 모델

예컨대, 라틴 아메리카의 경우 반미주의는 이 지역 사람들의 생활을 이루는 한 특색이었고, 그것은 항상 미국에 대한 찬탄과 존경 및 미국의 생활 양식에 대한 선호와 공존해 왔으며 또한 앞으로도 그러할 것으로 보인다. 실제로 라틴 아메리카에서는 반미주의가 계속해서 미국의 정책 입안자들에게 심각한 문제를 야기하고 부담을 주고 있지만, 그 반대 현상도 강해 미국과 이 지역 국가들 간의 유대 관계 강화의 가교 역할을 하고 있기도 하다. "양키 고 홈(Yanqui go home)"이라는 말은 라틴 아메리카 도시들의 담벼락에 흔하게 적혀 있고 또한 미국을 비판하는 사람들이 즐겨 사용하고 있지만, 동시에 미국을 보호자, 후원자, 투자자, 선진 기술과 교육과 문화의 전달자 내지 원천으로 보고 있는 사람들 사이에서는 "그리고 나도 데려가라"는 고소(苦笑)를 자아내는 말이 첨가되어 유행하고 있다.

비록 라틴 아메리카의 저술가들이 미국의 라틴 아메리카 정책을 근시안적이고 고압적이며 지나치게 탐욕적이라고 비난하고 있지만, 그들은 또한 미국 예술가의 독창성, 미국 경제의 높은 생산성, 미국 과학의 창의성, 미국의 민주적 제도들의 적극적인 민심 반영 등을 찬양하고 있다. 한 멕시코인은 1972년 "그 북쪽의 거인(미국)은 우리의 정체성의 적이지만 우리가 원하는 것의 비밀스러운 모델이다"라고 지적하기도 했다. 그리고 지구 반대편 프랑스의 한 비평가는 프랑스가 미국을 모델로 하여 영감을 얻어야 한다고 주장했다. 외국인들의 미국에 대한 양면적인 태도는 "미국을 미워하는 사람들은 자신을 미워한다"는 말에서 단적으로 잘 나타나고 있다.

미국과 바로 인접해 있는 멕시코는 미국과의 전쟁으로 영토를 많이 빼앗기고 또 어느 나라보다 미국의 영향력에 노출되어 라틴 아메리카 국가 중에서 반미주의가 가장 강한 국가이다. 이러한 멕시코에서도 미국에 대한 적대감과 분노는 미국에 대한 선망의 태도와 뒤섞인 채 나타나고 있다. 멕시코인들의 양면적인 대미 인식에 관한 예들을 살펴보면 다음과 같다.

먼저, 1980년대에 멕시코 어린이들의 85%가 미국산 감자칩 (potato chips) 중의 하나의 상표를 알고 있었던 데 반해 단지 65%의 어린이들만이 멕시코의 국가적 표상을 알고 있었다. 그리고 14%의 멕시코인들만이 수도 멕시코시티에 있는 혁명기념비(Monument to the Revolution)를 알고 있었던 데 반해, 멕시코인들의 70%가 미국산 콘플레이크(cornflakes) 중 하나의 상표를 알고 있었다. 또한, 오늘날 수많은 멕시코인들이 미국에서 살고 일하기를 갈구하며, 이미 수백만 명의 멕시코인들이 그렇게 하고 있다. 1986년 행해진 한 조사에 의하면, 멕시코인들의 40%가 기회가 주어진다면 미국에서 살 것이라고 응답했다. 그리고 조사 대상자의 절반이 미국으로 건너간 친척이 있다고 말했으며, 34%는 여러 이유로 미국을 방문한 적이 있다고 대답했다. 또한 응답자들의 약 48%는 미국 정부에 대해서 호의적인 견해를 갖고 있었고, 27%는 비우호적인 견해를 지니고 있었다. 응답자들의 25%는 미국 정부에 대해 어떠한 견해도 갖고 있지 않다고 답했다. 그리고 응답자들의 50%는 멕시코와 미국 간의 관계를 '우호적'인 것으로 인식하고 있었고, 7%는 '매우 우호적'인 것으로 생각하여 절반 이상의 멕시코인들이 양국 관계를 우호적으로 보고 있었다. 반면에, 응답자들의 30%가 양국 관계를 '비우호적'인 것으로 여기고 있었고, 3%는 양국 관계가 '매우 비우호적'이라고 주장했다. 이렇게 볼 때, 반미주의가 반드시 멕시코인들의 절대적인 태도라고 단정지을 수는 없는 것 같다. 멕시코인들 사이에서는 미국에 대한 호의적인 시각이 상당 부분 존재한다고 할 수 있다.

멕시코인들에게서 보여지는 이러한 애증이 교차하는 양면적인 감정은 중앙 아메리카의 보다 작은 국가들과 보다 넓게는 라틴 아메리카의 전 지역에서 보편적으로 존재하고 있다. 그러나 비록 라틴 아메리카 국가들에서 미국에 대한 호의적인 태도가 존재하고 있고 미국적인 생활 방식에 대한 선호도가 강할지라도, 이 지역 주민들의 정치적인 정서는 결코 완전히 친미적으로 옮겨가지는 않을 것이다.

나이키와 할리우드, 미국 문화의 한국 점령

한국에서도 반미주의는 미국적 생활 양식과 문화를 선호하는 태도와 함께 존재하고 있다. 다시 말해서, 한국인들의 미국정책에 대한 분노와 비판은 양면적인 애증 관계의 한 단면으로 미국 문화와 제도들에 대한 선망 및 호의적 감정과 공존하고 있다.

미국은 황폐한 상태였던 한국전쟁 당시와 마찬가지로 여전히 한국인들의 일상적인 삶에서 엄청난 부분을 차지하고 있다. 예컨대, 미국의 대중 문화는 한국의 거의 모든 오락 프로그램을 지배하고 있고, 심지어 식사와 주거 패턴도 미국 양식을 닮아가고 있다. 미국은 많은 한국인들이 가장 방문하기를 원하는 국가이다. 서울에 있는 주한 미국 대사관 앞에는 각종 이유로 많은 시위대들이 등장하지만, 마찬가지로 많은 수의 한국인들이 미국에 가기 위해 비자를 신청하거나 영주권을 신청하기 위해 대사관을 찾는다. 한국은 전세계적으로 그 국민들이 미국에 이민을 가장 많이 가는 5개 국가 중의 하나이다. 한국의 대학생들은 미국이 1945년 한반도 분단에 가장 책임이 있는 국가이고 주한 미군을 주둔시켜 통일을 방해하고 있다고 비난하면서도 리바이스(Levi's)나 나이키(Nike) 등의 미국 제품을 선호한다. 이들 젊은 학생들은 맥도널드 햄버거를 미국 제국주의의 상징으로 맹렬히 비난하지만, 그 햄버거 가게는 항상 젊은이들로 초만원이다. 한국의 젊은이들은 또한 할리우드에서 제작한 영화를 즐기고 미국 배우들에 대해 즐겨 얘기한다. 예컨대, 이들은 한국 영화 역사상 가장 높은 흥행 기록을 세웠던 영화 중의 하나인 「원초적 본능 *Basic Instinct*」과 같은 '퇴폐적인' 미국 영화를 보기 위해 극장 앞에서 줄을 선다.

미국에 대한 양면적인 시각이나 태도는 미국의 물질주의,

비인간화, 경쟁지상주의, 냉혹한 개인주의 등에 대한 거부 내지 비난이 미국의 힘, 번영, 노하우, 능률, 소비재 상품에 대한 비밀스러운 혹은 공공연한 찬미와 함께 나타나는 특징이 있다. 제3세계 국가들의 중산층은 흔히 미국 스타일의 소비 생활과 여가 활동과 매스 미디어를 열렬히 추구하고 있다. 미국식 쇼핑 센터, 교외, 유원지, 패스트푸드 체인점, 미국의 광고와 텔레비전 프로그램은 이들 사이에서 큰 인기를 누리고 있다.

미국에 대한 태도에서 애증이 교차하는 모습은 제3세계 국가들만의 현상이 아니라 전세계적인 현상이다. 전세계적으로 반미주의가 미국에 대한 호의적인 태도와 공존하고 있는 이유는 대부분의 경우 그것이 다분히 감정적인 성격을 띠고 있기 때문이다. 요컨대, 반미주의는 흔히 미국에 대한 애증의 양면적인 태도의 한 단면이라고 할 수 있다. 라틴 아메리카의 한 저명한 지식인은 "우리들은 미국 사회의 민주적 업적과 문화적 가치를 계속하여 찬양할 것이다. 그러나 우리들은 계속하여 라틴 아메리카에서 미국이 행하는 오만하고 폭력적인 정책에 대해서는 반대할 것이다. 애써 그렇게 할 것이다. 왜냐하면 우리들은 미국에 있는 너무나 많은 것들을 사랑하기 때문이다"라고 주장하여 외국인들이 바라보는 미국에 대한 양면적인 시각을 단적으로 표현하기도 했다.

태양이 지지 않는 나라

반미주의는 다른 중요한 사회 현상들과 마찬가지로 여러 지역, 국가에 걸쳐서 일반화되어 있는 근본적이고 장기적인 기원들과 함께 나라와 사회에 따라서 각기 상이한 직접적인 원인들을 갖고 있다. 그렇다면 세계의 여러 국가나 지역의 다양성에도 불구하고 공통적으로 나타나는 반미주의의 근본적인 원인은 무엇일까?

미국화에 대한 반발

반미주의는 그것이 전적으로 불합리한 현상만은 아니라는 상당히 설득력 있는 근거들을 갖고 있다. 우선, 미국에 대한 적대감의 근거들은 역사적인 성격을 띠고 있다. 다시 말해서, 반미주의의 근거들은 상당 부분 과거에 뿌리를 두고 있다. 또한 반미주의는 오늘날 세계의 많은 국가나 집단의 문제에 대한 미국의 책임에 그 바탕을 두고 있다.

먼저 미국의 존재, 즉 미국의 힘과 영향력이 세계 도처에 보편적으로 부각되어 있다는 사실과 그러한 힘을 바탕으로 미국이 세계의 많은 '불의'와 연관되어 있다는 인식이 미국을 적대감과 분노의 대상으로 만드는 가장 중요한 원인이 되고 있다. 즉, 세계 곳곳에서 발견되고 있는 반미주의는 대부분 근본적으로는 미국의 힘과 영향력에 대한 분노의 직접적인 표출이라고 할 수 있다.

전세계적으로 보편화되어 있는 미국의 존재는 경제적, 정치적, 군사적, 문화적인 형태들로 다양하게 나타나고 있는데, 그 중에서 매스컴에 의해 전달되는 문화적 존재는 해당 국가의 엘리트들 사이에서 특히 많은 비판을 불러일으키고 있다. 미국 대중 문화의 영향력은 실제로 엄청나다. 예컨대, 1993년 전세계에서 관객을 가장 많이 동원한 100대 영화 중에서 88개가 미국 영화였다. 미국 문화의 확산에 따른 분노는 국가적 문화의 특성으로 여겨지는 것이 훼손되는 데 대한 민족주의적인 우려를 반영하고 있다. 그러한 우려는 미국의 자본주의에 대한 좌파 세력의 적대감과 자신들의 사상·예술·가치에 대한 새로운 경쟁자의 대두를 혐오하는 보수적인 엘리트 집단의 반발에 의해 강화되기도 한다. 미국의 여러 모습 중에서 다른 나라들에게 가장 두드러져 보이는 것은 미국의 부(富)일 것이다. 그것은 다른 나라의 질시를 불러일으키고, 미국 사회의 다른 결점들과 결합되어 반미주의의 중요한 원천이 되고 있다.

　이렇게 미국의 보편적인 존재와 거대한 힘은 반미주의의 근본적이고 원천적인 원인이 되고 있다. 예일 대학교 역사학 교수인 케네디(Paul Kennedy)는 "많은 제3세계 국가의 정부들은 막강한 미국의 존재, 그것과 함께 오는 미국의 자본과 문화와 관습의 영향력에 강력히 반발하고 있다"고 말했다. 그리고 독일의 한 사회학자는 미국이 "세계에서 가장 강력한 산업 국가이고 역사상 가장 부유한 국가로서 자연히 보다 덜 성공한 국가들의 분노를 자아내고 있다"고 지적했다. 또 다른 학자는 반미주의의 근본적인 기원에 대해서 "반미주의의 근원에는 세계가 미국화되고 있다는 생각과 이 세계가 지금 그러한 과정에 있다는 두려움이 존재하고 있다. 간단히 말해서, 반미주의는 강력한 미국에 대한 반발과 반응이고 하나의 새롭고 강력한 힘이 이 세계에 존재한다는 생각에서 비롯되고 있다. 이것이야말로 반미주의가 왜 전례 없는 현상인가에 대한 이유가 되고 있다. 반미주의의 핵심에는 미국화되는 세계에 대한 다른 나라들의 충격이 내재되어 있다"고 말했다. 같은 취지로, 영국의 한 저명한 언론인은 반미주의가 미국 그 자체에 대한 반대에서 유래하기보다는 미국이 '지배적인 국가'라는 사실에서 유래하고 있다고 지적했다. 그리고 영국 주재 미국 대사를 역임했던 사이츠(Raymond Seitz)는 반미주의가 미국의 압도적인 힘과 엄청나게 보편적인 존재에서 기인한다고 주장했다.

반미주의는 미국의 힘과 성공에 대한 자연스러운 반응이다. 하버드 대학 정치학 교수 호프만(Stanley Hoffmann)은 "여러분들은 역사적으로 지배적인 한 국가가 모든 사람들로부터 보편적인 사랑을 받은 경우를 결코 본 적이 없을 것이다. 그 시대에 그 나라가 어느 나라였던 간에, 그 나라는 항상 미움을 샀다. 미국은 다른 나라들로부터 사랑받기를 간절히 원하지만 막강한 힘을 가진 채 그렇게 될 수는 없다. 미국은 그 두 가지다를 취할 수는 없다"고 말했다.

사실 좋아하든 그렇지 않든 간에, 오늘날 보편적이고 강력한 미국의 존재를 인정하지 않을 수 없다. 미국은 세계 최대의 수출국이고 동시에 최대의 수입국이다. 그리고 미국계 회사들은 전세계적으로 수백만 명의 외국인을 고용 내지 관점에 따라서는 '착취'하고 있다. 또한 수십만 명의 외국 학생들이 미국의 대학에 다니고 있다. 그리고 미군 수십만 명이 수십 개 국가에 주둔하고 있다. 또한 미국의 부에 대한 많은 분노에도 불구하고 수백만 명의 외국인들이 이른바 '아메리칸 드림(American Dream)'을 꿈꾸며 미국에서의 새로운 삶을 목적으로 이민 비자를 발급받기 위해 기다리고 있다. 게다가 미국의 영화, 잡지, 텔레비전 프로그램들은 전세계에 두루 전달되고 있다. 그렇게 전세계적으로 광범위하게 존재하는 미국 문화와 함께 미국인들은 여행자로서, 기업인으로서, 학생으로서, 군인으로서 혹은 비밀 요원으로 전세계에서 흔하게 눈에 띄고 있다. 특히 미국은 오늘날 군사적으로는 전세계에서 경쟁자가 없는 초강대국으로 군림하고 있다.

이러한 광범위하고 강력한 미국의 존재와 영향력으로 인해 전세계적으로 미국에 대한 많은 반발과 분노가 일어났다. 특히, 서유럽의 반미주의는 주로 미국의 패권에 대한 분노에서 비롯되었다. 다시 말해서 제2차세계대전 이후 서유럽인들이 품고 있는 반미주의는 서유럽이 미국에 의존적인 존재가 된 데 대한 분노와 좌절감에 그 바탕을 두고 있다. 비록 서유럽 스스로가 상당한 군사력을 갖고 있지만, 서유럽인들은 그들의 궁극적인 안전이 그들 자신의 힘에 달려 있는 것이 아니라 미국의 힘, 특히 미국의 '핵 우산(nuclear umbrella)'에 달려 있다고 믿었다. 미국이 서유럽을 방어해주고 있다는 생각에서 많은 서유럽인들은 그들이 이제 자신의 운명을 스스로 통제할 수 없고 그것을 서유럽 스스로가 탄생시킨 미국의 손에 맡겼다는 사실에 커다란 좌절감을 느꼈으며, 그러한 무력감과 패배주의가 초강대국 미국의 힘에 대한 시기심과 분노를 불러일으켜 반미주의를 태동시켰다.

독일에서는 이러한 미국에 의존하는 데 따른 분노가 전후 독일의 정체성 위기와 혼합되어 나타나고 있다. 많은 독일인들은 그들의 현재가 어떤 의미에서는 인공적인 것이라고 믿고 있다. 다시 말해서 그들은 자신들이 누린 전후의 안정과 발전을 미국화의 산물로 생각하고 있다. 그리하여 1980년대 이후 상당수의 독일인들은 본질적으로 자신들의 나라가 일종의 미국 식민지에 지나지 않는다고 여기게 되었다. 그러한 생각과 이미지는 독일에 많은 수의 미군이 주둔하고 있다는 사실로 인하여 더욱 강화되었다. 이러한 상황에서, 독일인들은 이른 바 '주권 되찾기' 움직임까지 보이고 있다. 그러한 움직임은 바로 그들이 자신들의 나라에 대해 생각해 온 '경제 거인, 정치 소인'이라는 인식을 마감하려는 것이었다.

영국에서의 반미주의는 '식민화' 내지는 미군 주둔에 대한 반발에 기초한 것이 아니라 영국인의 자존심이 상처를 입은 데 따른 것이다. 영국인들은 그들의 국가가 이전에 수행해 왔던 세계적 역할을 미국이 대신하고 있는 데 대해 심정적으로 불편해하고 있으며, 영국이 태도를 바꾸어 이른바 '미국이라는 로마에 대한 그리스(Greece to America's Rome)'의 역할, 즉 오늘날의 미국을 있게 한 원동력의 역할을 했다는 데서 위안을 구하고자 했으나, 이마저도 여의치 않았다. 영국의 대외정책 관계자들은 영국 반미주의의 온상으로 여겨져 왔는데, 이들은 영국이 강대국으로서 가진 유일한 자산인 핵무기가 궁극적으로 미국의 기술과 호의에 의존하고 있다는 사실을 잊을 수 없었다.

서유럽에서 반미주의가 가장 강한 국가는 프랑스이다. 프랑스는 이미 1960년대 초 드골(Charles de Gaulle) 시대에 미국의 영향권에서 이탈하여 독자 노선을 추구한 바 있는데, 프랑스는 서유럽의 주요 국가들 중 가장 민족주의적이고 독자성이 강한 국가이다. 프랑스의 반미주의는 근본적으로 하나의 문화적 현상으로 볼 수 있는데, 프랑스인들은 미국의 상업주의 문화를 혐오하고 있고 영어가 세계의 지배적 언어가 되는 것을 두려워하고 있다.

다윗과 골리앗의 싸움, 세계의 점령군 미군

반미주의는 특히 아시아, 아프리카, 중동 그리고 라틴 아메리카와 같은 제3세계의 많은 지역에서 가장 보편적이고 강렬하게 표출되고 있다. 즉, 그것은 미국의 구 팔레비 왕 지지에 분노한 이란인들, 이스라엘에 의해 삶의 근거지를 박탈당한 팔레스타인인들 그리고 좌절감과 절망감에 빠져 있는 라틴 아메리카인들과 같은 제3세계 사람들 사이에서 강하게 나타나고 있다. 이들 제3세계 지역의 많은 사람들은 한결같이 미국과 미국인들에 대해 적대적인 태도를 취할 만한 충분한 이유를 갖고 있다고 믿고 있다.

제3세계 중에서도 특히 아랍 세계의 경우, 미국에 대한 적대감의 대부분은 강력하고 세속적이며 현대화된 미국이 상징하는 세계적 현대화를 거부하는 이슬람 근본주의에 기초하고 있다. 이슬람 근본주의자들은 미국식의 현대화·세속화를 반대하고 이슬람교의 종교적 교리에 따른 전통적인 생활 방식을 주장하고 있다. 미국에 의해 축출당하기 전까지 아프가니스탄의 탈레반 정권은 자신들의 나라를 중세적인 이슬람 신정 국가로 만들고자 했었다. 아랍 세계에서 미국은 그야말로 '사탄'

이었고, 미국의 여러 가치들과 문화는 물질주의적이고 세속적인 것이며 공허한 것으로 여겨지고 있다. 그리고 이 지역에서 활동하는 미국 석유회사들의 존재는 아랍 국가들에게 미국에 대해 적대감을 갖게 하는 또 다른 원천이 되고 있다.

한편, 많은 제3세계 국가 사람들은 그들의 빈곤이 미국의 잘못에 의해 이루어졌다는 이유로 미국을 비난하고 있다. 남반구의 빈곤은 "한 사람의 부는 다른 사람의 빈곤을 불러일으킨다"는 말이 내포하듯 풍요와 낭비의 대명사로 인식되는 미국의 부와 대조되어 미국에 대한 적대감의 중요한 근원이 되고 있다.

전세계적으로 광범위한 미국의 힘과 영향력, 그 중에도 특히 외국 영토에 있는 미군 기지와 미군들은 해당 국가에서, 심지어 친미 성향의 국가들에서조차도 민족주의적인 분노와 항의를 불러일으키는 커다란 원인이 되고 있다. 이것은 특히 필리핀과 한국에서 일어난 일련의 반미주의 사건들과 움직임에서 잘 드러나고 있다. 필리핀에서는 미군과 미군 기지가 필리핀인들의 반미주의에 강한 자극제가 되었으며 민족적 자존심에 대한 모욕으로 받아들여졌다(필리핀에서 미군 기지 철수 요구가 거세게 일어나자, 미국은 1990년대 초에 수빅만灣의 해군 기지와 클라크 공군 기지에서 미군을 철수시켰다). 대규모의 미군 주둔은 또한 한국의 진보적 지식인들 사이에서, 무엇보다도 대학생들 가운데서 반미주의 성향이 강렬하게 존재하게 된 중요한 근거가 되고 있다.

한국인들 사이에서 반미주의는 근본적으로 한·미 양국 간의 오랜 유대 관계와 미국의 보편적인 존재와 강력한 영향력 그리고 양국 관계가 미국 우위의 주·종 관계의 성격을 띠고 있었다는 데서 기인한다. 미국이 그동안 한국에서 행한 강력한 정치적·경제적 역할을 고려한다면, 한국인들 사이에서 미국에 대한 분노가 일어나는 것은 놀랄 일이 아니다. 1989년 3월 한 미국인 경제 전문가는 "많은 한국인들이 미국의 영향력, 미국의 사상, 주한 미군에 대해 분노하고 있다. 그러한 감정이 일어나는 것은 놀랄 일이 아니다. 한국에 많은 미군이 주둔하고 있다는 사실을 고려한다면, 한국에서 일어나는 비난은 불가피한 일이다"라고 말했다. 특히, 주한 미군의 존재는 반미주의 대두의 중요한 근거가 되고 있다. 주한 미군은 한국의 안보를 위해 주둔하고 있지만, 상당수의 대학생들은 이 28,500여 명의 미군을 그들의 보호자로 여기기보다는 점령군으로 생각하고 있다.

또한 상당수의 한국인들은 미군의 주둔이 끼치는 부정적인 영향에 대해 분노하고 있다. 주한 미군은 아시아의 어느 나라 수도에서보다 서울에서 가장 많이 눈에 띄고 있다. 많은 수의 주한 미군이 비무장지대 가까운 곳에 있는 엄격한 스파르타식의 병영에서 생활하고 있지만, 상당수가 서울의 거대하고 안락한 시설에 거주하고 있다. 한때 일본 제국 군대의 주둔지였던 용산 미군 기지는 오늘날 서울 번화가의 전체 상업 구역만큼 넓은 면적을 차지하고 있다. 일본의 수도 도쿄만큼 땅값이 비싸고 유휴지가 귀한 서울 도심에 있는 웅장한 용산 미군 기지에는 수영장, 상점, 학교, 1950년대의 미국 교외를 연상시키는 주택들이 즐비해 있어 그곳을 지나는 한국인들의 분노를 사고 있다. 그리고 주한 미군은 그들을 거의 한국 법망 밖에 두는 한·미 행정협정(Status of Forces Agreement)에 의해 보호받고 있다. 독립국의 오랜 역사를 가진 민족으로서 미국에 대한 종속을 의미하는 이와 같은 현상들은 그들의 분노를 자아내기에 충분하다. 한국인들의 반미주의는 그래서 이해될 만하고, 자연스럽고, 나아가 양국 관계를 위해 바람직하기까지 하다. 사실 그동안 한국은 미국이 소유권을 가진 '자회사'와 같았으며, 해당 국가 국민들의 반대에 관계없이 미국이 자신의 뜻을 펼칠 수 있는 세계에서 몇 안 되는 국가들 중 하나였다.

반미주의는 막강한 미국의 존재와 강력한 영향력 하에 있는 나라들에서 일어나는 자연스러운 현상이다. 전 주한 미국대사 릴리는 한국에 부임하기 전인 1986년 10월 워싱턴에서 가진 기자 회견에서 반미주의는 세계 도처에 존재하는 현상으로 한국에만 국한된 현상이 아니고, 상이한 문화를 가진 국가 간에는 흔히 마찰이 일어날 수 있다고 말한 바 있다.

한·미 양국 간의 오랜 유대 관계로 인하여 많은 한국인들은 미국에 대해 외경심과 존경심을 갖게 되었다. 동시에 그들은 오랜 관계로 인해 생긴 미국에 대한 부정적인 이미지로 인해 반미주의도 아울러 지니게 되었다. 그동안 반미주의가 한국에서 부각된 이유는 과거에는 좀처럼 발견하기 힘든 진귀한 현상이었기 때문이다.

'지킬 박사와 하이드 씨'

또한 반미주의는 미국이 대외적으로 표방하는 이데올로기와 미국의 행동 및 정책들 간의 상호 모순에서 기인하고 있다. 1960년대 초에 한 미국인 학자는 반미주의 확산의 원인이 미국이 대외적으로 공언하는 것과 미국이 실제로 행동하는 것 간의 모순과 차이에 있음을 지적한 바 있다. 그는 "미국의 이미지는 평범하고 진부한 행동들에 의해 손상되고 흐려졌다. 모든 사람들이 우리 정책의 원천으로 여기고 있는 이상주의는 날이 갈수록 약화되었다"고 말하면서, 그러한 이유로 미국에 대한 적대감이 점차 강하게 되었다고 주장했다. 또 다른 미국인 학자는 반미주의의 많은 부분이 "독립선언서와 권리장전과 같은 미국의 공식적인 이데올로기와 미국이 국내 및 해외에서 보여 준 행동 간의 모순에서 비롯되고 있다. 많은 사람들은 미국이 실제로 행동하는 것을 보고 미국이 자신이 설교하는 것을 실제로는 전혀 행하지 않는다고 결론짓고 미국에 대해 분노하게 되었다"고 말했다.

사실 많은 미국인들이 적대적인 지역에서조차 관대하고 우호적인 사람들로 환영받는 반면, 많은 외국인들은 미국 정부의 정책에서 무수한 결점을 발견하고 미국에 대해 분노하고 있다. 요컨대, 반미주의는 미국 정부의 정책에 대해 외국인들이 느끼는 환멸의 불가피한 결과라고 할 수 있다. 제퍼슨(Thomas Jefferson), 링컨(Abraham Lincoln), 윌슨(Woodrow Wilson) 등이 공언한 이상화된 개념의 미국에 대한 인식은 흔히 현상 유지 혹은 반혁명주의의 입장에 서서 국제정치에 깊숙이 개입해 왔고, 많은 경우 식민주의, 남아프리카의 인종분리정책, 독재 정권과 권위주의 정권을 지지한 역대 미국 정부의 행동에 의해 여지없이 무너졌다. 그 결과, 반미주의는 외국인들의 대미 인식 구조에 깊이 뿌리를 내리게 되었다.

1950년대에 미국에 머물렀던 한 영국 언론인은 미국이 오랫동안 '유럽의 양심' '구세계의 교사·본보기'로 인식되어 왔지만, 미국은 '유럽의 양심이 되는 대신 유럽의 방패'가 되었다고 개탄했다. 그는 유럽이 항상 미국을 그들 행동의 예외적이고 모범적인 기준으로 삼고자 해왔지만, 유럽인들은 "오늘날 미국이 제공하는 모든 예들은 그러한 기준과 미덕에서 벗어난 것들뿐이었음"을 알게 되었다고 말했다. 그는 결론적으로 이러한 환멸감이야말로 다른 나라들이 미국과 미국의 행동에 대해 강렬하게 비판하는 이유가 되고 있으며, 그러한 환멸감은 다른 나라에 대한 비판에서는 결코 찾아볼 수 없다고 말했다. 같은 취지로, 멕시코의 한 유명한 지식인은 미국을 가리켜 "안으로는 민주주의 국가이지만 밖으로는 제국주의 국가, 안으로는 지킬 박사이지만 밖으로는 하이드 씨"라고 불렀다. 한마디로, 미국에 대해 적대감을 불러일으키는 또 다른 중요한 원인은 미국이 '입'으로 외치는 것과 실제로 '손'이 행하는 것 간의 상호 모순 그리고 다른 나라들이 미국에 거는 기대감이 무너진 데 따른 그들의 환멸감에 있다고 보아야 할 것이다.

한국의 경우, 반미주의의 상당 부분은 미국이 한국의 역대 권위주의 정권의 오랜 지지자였다는 인식에 의하여 형성되었다. 미국인들이 자신들을 한국을 위한 자유와 민주주의의 투사로 여겨온 반면에, 민주화를 이끌어낸 많은 사람들은 미국에 대해 전혀 그렇게 생각하지 않는다. 1980년 5월의 '광주 민주화 운동' 이후 많은 지식인들과 학생들은 미국이 자신의 국익 때문에 한국의 민주화를 가로막아 왔다고 믿었으며, 미국이 자신의 '의무'를 소홀히 했다고 비판했다.

전 주한 미국대사 글라이스틴(William H. Gleysteen)은 1987년 1월 한국 언론인들과 가진 기자 회견에서 한국에서 나타나고 있는 반미주의의 원인에 대해서 다음과 같이 지적했다.

> 미국은 비합법적인 방법으로 권력을 잡은 두 개의 정부와 유대 관계를 맺어 왔다. 1961년과 1979~1980년의 경우가 그러하다. 우리와 이들 정부와의 관계는 실제적인 관점에서는 불가피했다. 그러나 결과적으로 일부 한국인들은 미국이 이들 한국 정부들(첫 번째는 박정희 정부이고, 그 다음은 전두환 정부)의 행동(집권)에 책임이 있다고 믿게 되었다. 이것이 한국에서 반미주의가 형성된 요인 중 하나임이 확실하다.

반미주의의 원인은 나라와 지역에 따라 다양하다. 예컨대, 그것은 제3세계의 경우 민족주의, 반서방주의 감정, 자본주의에 대한 반대, 근대 과학과 기술과 도시 생활에 대한 거부, 현대화에 대한 혐오감, 전통적 생활 양식의 방어, 기성 엘리트들의 대미 굴종에 대한 반발 등에서 유래하고, 서유럽의 경우 미국이 세계 최대의 핵무기 보유 국가인 데서 유래하는 핵전쟁에 대한 공포, '저속한' 미국 문화에 대한 반발 등에서 기인하고 있다. 그러나 반미주의는 보다 근본적으로 첫째, 미국의 존재가 전세계적으로 보편화되어 있음에 따른 여타 세계의 두려움과 분노이다. 둘째, 미국이 내세우는 이상주의 원리와 미국이 실제로 행동하는 것 간의 상호 모순에서 나오는 환멸감에서 비롯되고 있다. 이 중 두 번째 원인은 국가와 지역 그리고 사람들에 따라 보다 상세하고 직접적인 원인으로 나타날 수 있다.

'미 제국'과 반미주의

'제국'의 강화

미국인들은 자신들의 나라가 '제국'이라고 불리는 것을 달가워하지 않는다. 그들이 생각하는 제국은 인기 있는 SF 영화 시리즈 「스타워즈 *Star Wars*」에 나오는 다스베이더(Dath Vader)의 제국과 같이 부정적인 것이다. 그래서 많은 미국인들은 자신들의 나라를 '강대국(great power)'으로 부른다. 그러나 미국은 성격상 분명히 '제국'으로 불려질 수 있다. 넓은 영토와 많은 인구 그리고 휘하에 거느린 많은 보호국과 종속국들, 전세계에 퍼져 있는 경제적 이해 관계와 그 이익들을 지킬 수 있는 힘, 특히 군사력을 가졌다는 점에서 미국은 분명히 제국이다.

'제국'이라는 말이 반드시 부정적인 이미지만 갖고 있는 것은 아니다. 역사적으로 제국은 팽창주의를 추구해 부정적이었다. 하지만 제국이 혼란을 수습하여 평화를 가져오고 국제적인 교역을 증진시키는 등의 행위를 했을 경우에는 그렇지 않다. 초기의 로마 제국은 오랜 전쟁 끝에 지중해 세계를 통일하여 '로마의 평화(Pax Romana)'를 이룩했다. '미 제국'에 의한 '미국의 평화(Pax Americana)'는 어떠한 성격의 것인가?

세계 유일의 초강대국 미국은 전세계 국가들 중에서 자신의 지위를 유지하기 위해 지켜야 할 이해 관계와 공약을 가장 많이 갖고 있다. 이러한 이유로 미국은 대외정책에서 적극적인 개입주의를 지향하고 있다. 그 결과는 '미국 제국'의 강화와 확장이다. 현재 미국은 과거의 다른 제국들처럼 자신의 한 가지 국익 관철을 위해 또 다른 국익과 공약을 만들어내고 이러한 과정을 되풀이하고 있다. 미국은 9.11 테러를 주도했다고 지목되고 있는 오사마 빈 라덴의 은신처로 여겨지던 아프가니스탄을 공격하여 반미적이고 반서방적이던 탈레반 정권을 몰아내고 카르자이의 친미 정권을 세웠다. 미국은 다시 반미적인 이라크의 후세인 정권을 축출하기 위해 전쟁을 벌였다. 이라크 전쟁 직전 아프가니스탄 대통령 카르자이는 미국에게 이라크와 전쟁을 하더라도 아프가니스탄을 잊지 말 것을 호소했다. 이처럼 미국은 '제국'으로서 지켜야 할 이익과 공약을 끝없이 확대·재생산하고 있다.

2003년 3월 20일 이라크와 전쟁을 시작한 지 4주도 채 지나지 않은 4월 15일, 미국은 전쟁의 승리를 선언했다. 이 짧은 시간 안에 미국으로부터 수천 킬로미터 떨어져 있고, 강력한 독재자를 가진 2,500만 명 인구의 나라 이라크가 완전히 미국에 의해 제압되었다. 이라크 전쟁 후 국제 사회에서 미국의 발언권은 더욱 강해질 것이다. 중동의 석유 부국 이라크에 강력한 근거지를 마련한 미국의 힘과 권위를 전쟁을 반대했던 반전 국가들과 세계는 좋든 싫든 인정하지 않을 수 없기 때문이다.

오늘날, 미국은 국제 사회에서 최고의 권위를 누리고 있다. 그러나 자신감에 도취된 미국의 지도자들이 세계질서를 더욱 일방적으로 이끌어가고자 한다면 '미국 제국'은 강한 역풍을 피할 수 없을 것이며, 그것은 궁극적으로 제국의 강화가 아니라 약화로 귀결될 것이다. 제국의 확장을 추구하는 미국의 지도자들은 미국이 하나의 강대국으로서 다른 강대국들과 공존해야 한다는 현실주의자들의 주장에도 귀 기울일 필요가 있다.

급증하는 반미주의

미국의 제국 강화정책은 필연적으로 다른 나라들의 강한 반감을 불러일으키고 있다. 오늘날 전세계적으로 반미주의는 그어느 때보다도 심각한 상황이다. 미국은 9.11 테러 이후 상당한 동정을 받았고, 그것은 미국에 대한 호의적인 인식으로 구체화되었다. 그러나 그 뒤 불과 2년도 안 되어 전세계적으로 미국에 대한 불만이 급증했다. 미국에 대한 인식은 모든 형태의 국가들, 즉 오랜 나토 동맹국들, 개발도상국들, 동유럽 국가들, 아시아의 동맹국들, 이슬람 국가들 모두에서 급속히 나빠졌다. 그 중에서도 특히 이슬람 세계에서 가장 악화되었다.

위싱턴에 있는 퓨 연구소(Pew Research Center)는 2002년 7월부터 10월까지 4개월간 한국을 비롯한 전세계 44개 국가에서 38,000명 이상을 대상으로 미국에 대한 인식 등에 관해 여론 조사를 실시하여 2002년 12월 4일 그 결과를 발표했다. 이 여론 조사에 의하면, 2000년 이후 2년 사이에 27개 주요 국가들 중 19개 국가에서 미국에 대한 호의적인 인식이 줄어들었고, 그 대신 미국에 대한 비판이 증대했다. 하지만 조사 대상 국가들에서의 미국에 대한 인식은 복잡하고 상호 모순적이었다. 즉, 미국에 대한 인식이 애증의 양면적인 모습을 띠고 있었다. 전세계 사람들은 자신의 나라에 대한 미국의 영향력 확산에 대해 비판을 하면서도 미국적인 것들, 특히 미국의 과학 기술 문명에 대해서는 매우 호의적인 생각을 갖고 있었다. 그리고 이들 외국인들이 미국에 대해 가장 많은 비판을 가한 것은 미국의 일방주의 외교 정책이었다.

퓨 연구소는 이라크 전쟁 발발 직전인 2003년 3월 10일부터 17일까지 미국과 영국·프랑스·독일·이탈리아·스페인·폴란드·러시아·터키 등 9개 국가에서 5,500명을 대상으로 여론 조사를 실시해서 그 결과를 3월 18일 발표했다. 이들 국가들 중 프랑스·독일·러시아는 이라크 전쟁을 반대한 반전 국가들이고, 나머지 국가들은 미국의 전쟁 노선을 지지한 이른바 '의

지의 동맹(Coalition of the Willing)' 국가들이었다. 이 여론 조사에 의하면, 미국을 제외한 모든 나라들에서 반전 정서 및 부시 미국 대통령의 외교 정책에 대한 반대로 인해 미국의 이미지가 계속 나빠졌으며, 미국에 대한 호의적인 인식 또한 6개월 만에 급격하게 악화된 것으로 나타났다. 예컨대, 영국에서는 미국에 대한 호의적인 견해가 6개월 만에 75%에서 48%로 떨어졌고, 프랑스에서는 63%에서 31%로, 독일에서는 61%에서 25%로, 이탈리아에서는 70%에서 34%로, 스페인에서는 14%로(스페인의 경우 2002년 조사가 없음), 폴란드에서는 79%에서 50%로, 러시아에서는 61%에서 28%로, 터키에서는 30%에서 12%로 떨어졌다. 대체로, 반전 국가들에서 미국에 대한 호의적인 인식이 급격히 줄어들었다. 터키인들의 경우, 같은 이슬람 형제 국가인 이라크에 대한 전쟁을 반대했기 때문에 그들의 호의적인 대미 인식이 극도로 낮은 것은 너무나 당연하다.

미국의 대외정책에 대한 비판은 이들 모든 나라들에서 거의 보편적이었다. 압도적인 다수의 사람들이 부시 대통령의 대외정책에 반대했으며, 그가 9.11 테러 이후 받았던 약간의 지지도 상승은 완전히 사라져버렸다. 부시 대통령을 비롯한 미국의 지도자들이 향후 어떻게 행동해야 하는지의 해답이 나온 셈이다.

이 여론 조사는 중요한 사실을 두 가지 더 보여 주었는데, 하나는 이들 나라 사람들(미국인들 제외)이 서유럽이 안보 및 외교정책에서 보다 독자적인 노선을 추구하는 것을 강력하게 지지했다는 점이고, 다른 하나는 대서양 양안 사람들 모두가 국제연합(UN)의 중요성을 계속적으로 강조하고 있다는 점이었다.

미국에 대한 호의적인 인식이 적다는 점에 있어서는 한국인들도 예외가 아니다. 여론 조사 기관 한국갤럽이 2002년 12월 성인 남녀 1,054명을 대상으로 실시한 여론 조사에 의하면, 미국이 '좋다'고 응답한 사람들의 비율은 37%인데 반해 '싫다'고 응답한 사람들의 비율은 54%나 되었다. 그 뒤에도 이러한 경향은 변하지 않았다. 여론 조사 기관 코리아리서치센터(KRC)가 2003년 3월 28과 29일 성인 남녀 2,021명을 대상으로 실시한 여론 조사에 의하면, 응답자의 23.0%가 미국이 '좋다'고 대답한 반면 29.5%는 미국이 '싫다'고 답했다. 나머지 사람들은 '중립적인' 태도를 취했다. 미국인은 한국인들의 반미주의에 대해서 보다 관심을 기울여야 할 것이다.

반미주의는 미국인들에게 "우리가 무엇을 어떻게 하여 그러한 적대감을 불러일으켰는가?" "그것을 완화시키기 위해 우리는 무엇을 어떻게 해야 하는가?" "우리가 진정 악의 화신인가, 아니면 우리의 반대자들이 선의 적인가?" 등의 의문을 제기하게 하는 자기 성찰의 기회를 제공하고 있다. 그러므로 반미주의는 근본적으로 미국인들을 위한 과제이다. 그러나 그것은 동시에 반미주의를 갖고 표현하는 외국인들의 문제이기도 하다.

┌─ 반미

초판발행 2003년 6월 30일 | 3쇄발행 2008년 5월 25일
지은이 김진웅
펴낸이 심만수 | 펴낸곳 (주)살림출판사
출판등록 1989년 11월 1일 제9-210호

주소 413-756 경기도 파주시 교하읍 문발리 파주출판도시 522-2
전화번호 영업 · (031)955-1350   기획편집 · (031)955-1357
팩스 (031)955-1355
이메일 salleem@chol.com
홈페이지 http://www.sallimbooks.com

ISBN 89-522-0102-7 04080
       89-522-0096-9 04080 (세트)

값 9,800원